Reliefs selbstgemacht

Klaus-P. Lührs

5. Auflage

Verlag hobby-time bastel-system gmbh D-7995 Neukirch/Bodensee

Lithografien: Jörg Wezel, Leutkirch-Gebrazhofen
Fotos: Foto Magnus, Friedrichshafen, hobby-time-Foto
Druck: Buch- und Offsetdruckerei Karl Nusser, Wangen im Allgäu
Printed in Western-Germany
ISBN 3-88522-003-2
Art.-Nr. 98139

Inhaltsverzeichnis:

Aus notwendiger Zweckmäßigkeit mag dieses Relief entstanden sein, ein Kalenderstein aus Mexiko. Zeugnis einer bewegten Geschichte. Nicht das Original – sondern ein »Replikat«. Ein neues Medium, ein neuer Begriff für Kunstwerke von Kunstwerken, den die Brockhaus Enzyklopädie als kunsthandwerkliche Nachbildung einer Skulptur oder eines Reliefs in Originalgröße aus gleichem oder möglichst ähnlichem Material definiert. Diese frappierenden »Abbilder« eines Kunstwerkes, deren Herstellung dank einer genialen Idee und modernster Technologien möglich wurde, war zunächst nur eingeweihten Technikern, Künstlern und Chemikern in bekannten großen Museen vorbehalten.

Durch die Entwicklung der modernen Kunststofftechnik und dem daraus für den Hobbyisten entwickelten Reliefsystem ist es jetzt möglich, fast alle klassischen Reliefmaterialien zu imitieren, z. B. Stein, Keramik, Holz, Bronzelegierungen und Wachs. Durch die Kombination von Material und Farbe können darüberhinaus auch noch andere Werkstoffe perfekt nachgemacht werden:
Glas, Leder, Porzellan, Elfenbein, Email, Metall und Marmor.

Der Stolz auf handwerkliches Können ist seit altersher Tradition. So waren es vor allem die standesbewußten Handwerkerzünfte, die über Jahrhunderte hinweg besonderen Wert auf die

Materialien und damit mögliche Effekte

Materialimitation	Grundmaterial	Zusatzprodukte Farbe	Nachbehandlung
Glas farbiges Glas	Poly-Giessharz F Poly-Giessharz F	 transp. Harzabtönfarbe	
Bernstein	Poly-Bernsteinharz B		
Elfenbein Elfenbein	Poly-Bernsteinharz B Keramin (elfenbein)	Relief-Füllstoff transparente Kaltglasur	Konturencreme
Keramik Keramik Keramik	Keramin (elfenbein) Universal-Patina Poly-Bernsteinharz B	Bastellack farblos Wachsmal-Vernetzer Relief-Füllstoff	 Bastellack Hobby-Lasur
Ton	Keramin (ziegelrot)		Konturencreme
Stein	Keramin		Konturencreme
Marmor Marmor Marmor	Poly-Bernsteinharz B Keramin Keramin	Harzabtönfarbe Hobbycolor Hobbycolor	 Kaltglasur Bastellack
Porzellan Porzellan Porzellan	Poly-Bernsteinharz B Keramin Keramin	Relief-Füllstoff Hobbycolor Keramin-Malgrundierung	Kaltglasur Kaltglasur Glasmalcolor

Materialimitation	Grundmaterial	Zusatzprodukte Farbe	Nachbehandlung
Kacheln/Fliesen	Keramin	Keramin-Malgrundierung	Kaltglasur
Metall	Poly-Bernsteinharz B	Relief-Metallpulver + Relief-Füllstoff	Metalloid-Patina
Metall	Keramin	Keramin-Malgrundierung	Relief-Metallic-Paste
Metall	Keramin	Metalloid-Glasur	Metalloid-Patina + Patina-Abbeizer
Holz	Poly-Holzgussmasse	Relief-Beize	
Holz	Poly-Holzgussmasse	Relief-Beize	Konturencreme
Holz (sehr leicht)	Poly-Holzgussmasse	Micro-Air	Relief-Beize
Holz	Keramin	Hobby-Beize	Konturencreme
Holz	Keramin	Hobby-Lasur	Konturencreme
Leder	Poly-Holzgussmasse	Micro-Air	Relief-Beize + Konturencreme
Leder	Keramin		Konturencreme
Reliefs bemalt	Poly-Bernsteinharz B	Relief-Füllstoff	Glasmalcolor
Reliefs bemalt	Poly-Bernsteinharz B	Hobbycolor	
Reliefs bemalt	Poly-Holzgussmasse	Hobbycolor	
Reliefs bemalt	Poly-Holzgussmasse	Wasserfarben	Bastellack
Reliefs bemalt	Poly-Holzgussmasse	Glasmalcolor	
Reliefs bemalt	Keramin	Keramin-Malgrundierung	Glasmalcolor
Reliefs bemalt	Keramin	Hobbycolor	
Reliefs bemalt	Keramin	Wasserfarben	Bastellack
Reliefs bemalt	Ceroplast-Reliefwachs	Wachsmalcolor	
Reliefs bemalt	Ceroplast-Reliefwachs	Wachsmalcolor	Bronzepulver
Reliefs bemalt	Ceroplast-Reliefwachs	Wachsmalcolor	Universal-Patina
Reliefs bemalt	Ceroplast-Reliefwachs	Wachsmalcolor	Konturencreme
Reliefs bemalt	Ceroplast-Reliefwachs	Wachsmalcolor	Relief-Metallic-Paste
Reliefs bemalt	Ceroplast-Reliefwachs	Wachsmalcolor + Relief-Metallic-Paste	Konturencreme
Wachs-Modeln	Ceroplast-Reliefwachs	Wachsmal-Vernetzer + Patinierpulver	
Wachs-Modeln	Ceroplast-Reliefwachs	Wachsmal-Vernetzer + Patinierpulver	Bronzepulver
Wachs-Modeln	Ceroplast-Reliefwachs	Wachsmal-Vernetzer + Patinierpulver	Relief-Metallic-Paste
Wachs-Modeln	Ceroplast-Reliefwachs	Wachsmal-Vernetzer + Universal-Patina	
Wachs-Modeln	Ceroplast-Reliefwachs	Wachsmal-Vernetzer + Universal-Patina	Bronzepulver
Wachs-Modeln	Ceroplast-Reliefwachs	Wachsmal-Vernetzer + Universal-Patina	Relief-Metallic-Paste
Wachs-Modeln	Ceroplast-Reliefwachs	Wachsmal-Vernetzer + Universal-Patina	Konturencreme

Durchsetzung und Erhaltung höchster Qualitätsmerkmale legten. Es entstanden bekannte Reliefs, die nur von den sogenannten »Künstlern«, also den Kunsthandwerkern erdacht, entwikkelt und in vollendeter Perfektion hergestellt wurden. Zeugnis dieser hohen Kunst zeigen einige Abbildungen von Replikaten dieses Buches.

Themen des Rokoko mit vorwiegend kunstvollen Motiven der christlichen Heilsgeschichte, von der Geburt des Herrn bis zum Kruzifix – oder der Gotik – in der das Madonnenbildnis in den Vordergrund künstlerischen Schaffens rückte – oder die traditionellen Bildhauerkünste, z. B. Albrecht Dürer's bis hin zum modernen Stiling des 20. Jahrhunderts – mit zeitgenössischen Fahrzeugen – angefangen von der guten alten Postkutsche bis zum Automobil, dekorativen Häuserreliefs, Blumenbildern . . .

Ein bunter Querschnitt – Reliefs für jeden Geschmack. Selbstverständlich zum Selbermachen!

Welches Relief aus welchem Material?

Es muß nicht immer das Replikat eines Originals sein. Vielmehr soll Fantasie, Form und Farbe eine bestimmte Idee verwirklichen.

Bietet doch gerade die Möglichkeit zur eigenen kreativen Selbstherstellung von Reliefs vielfältige Varianten. Merkmale: in welchem Raum soll das Bild wirkungsvoll Atmosphäre bringen. Wem wird es geschenkt – welchen Geschmack hat derjenige? Wie paßt es zur Einrichtung? Die Beantwortung dieser Fragen kann auf die Gestaltung der Teile direkten Einfluß nehmen. Daraus resultiert dann die Feststellung; aus welchem Material soll das Relief hergestellt werden. – Welche Materialkomposition paßt zu dem ausgewählten Bild, dem Siegel oder der Ofenplatte unter Berücksichtigung der genannten Kriterien am besten.

Die Kreativität beginnt nicht – wie vielfach angenommen wird, nur bei der farblichen Nachbehandlung der gegossenen Teile, sondern bereits bei der Wahl des Materials. Deshalb wurde auch für dieses Buch keine Monotologie als Aneinanderreihung von farblich fast gleich aussehenden Bildern gewählt, sondern bewußt ein buntes Allerlei vielfältiger Ideen bei der Fertigstellung der Formteile wie auch beim Bemalen und farblichen Nachbehandeln berücksichtigt.

Dabei wurde besonders Wert auf die Nachbehandlung der Oberflächen, also „Oberflächenfarbtechnik" gelegt.

Die in diesem Buch gezeigten Vorlagen sollen als Anregungen dienen – zum Nachmachen oder als Idee für eigene noch schönere wirkungsvollere Reliefbilder.

Die folgende Tabelle gibt einen ersten Überblick über die universellen Möglichkeiten und Techniken und zeigt, wie man mit geringem Aufwand und nur wenigen verschiedenen Materialien, immer wieder andere – neue Effekte erzielen kann.

Reliefgießen

Zunächst wollen wir uns mit der Herstellung der Rohlinge für die Reliefs und den dafür notwendigen Materialien befassen. Dabei sind bei der Verarbeitung der einzelnen Materialien unterschiedliche Techniken zu beachten, die jedoch unabhängig vom Material sonst fast immer gleich sind. Anschließend werden dann zu den einzelnen Materialien die verschiedenen Möglichkeiten der Oberflächenveredelung genau gezeigt und erklärt.

Der Arbeitsplatz

Als Arbeitsplatz wählt man am besten einen Tisch in unmittelbarer Fensternähe (gute Be- und Entlüftung ist zu empfehlen). Damit die Tischfläche nicht durch verschüttetes Material beschmutzt oder beschädigt wird, wird sie mit Zeitungspapier, noch besser mit einem Stück Kunststoffolie – abgedeckt.

Aufstellen der Form

Die gewünschte Form wird bereitgestellt und am besten mit kleinen Holzleisten unterlegt, damit sie waagerecht auf dem Tisch aufliegt. Das ist sehr wichtig, denn nur so erhalten wir später eine gleichmäßig gefüllte Form und damit ein ebenes Relief. Die Form soll dabei aber auch nicht in der Luft hängen. Schwere oder sehr warme Gießmaterialien können die Form sonst in der Mitte durchdrücken. Die Form wird „ausgebeult". Das ergibt dann sehr unschöne und deformierte Reliefs. Deshalb soll die Form mit den tiefsten Stellen immer auf dem Tisch aufliegen. Am einfachsten wird das durch Unterlegen von einem Tuch erreicht. Das

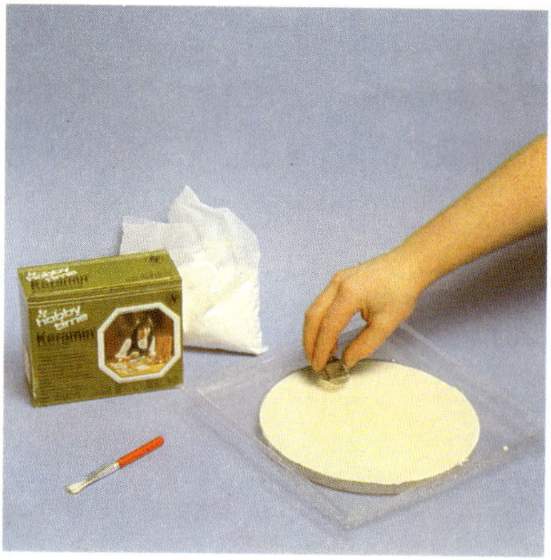

Tuch wird so zusammengedrückt, daß es gegen die Form eine gute Abpolsterung bietet. Das Gewicht in der Form verteilt sich dann gleichmäßig gegen dieses Stützpolster. Das Relief wird gerade – die Form ist immer wieder neu zu verwenden.

Will man eine Form möglichst oft verwenden, dann sollte man besonders bei der Verarbeitung von Polyesterharz seitlich an die Form kleine Holzleisten annageln. Die Formränder können sich dadurch nicht mehr verziehen und das Relief wird allseitig rechtwinklig. Sie kann dann mehrmals unbeschädigt verwendet werden. Einige Formen haben an der Formoberkante eine Markierung – die die Formenmitte anzeigt. Das hat den Vorteil, daß man später genau weiß, wo der Relief-Eingießaufhänger in das flüssige Reliefgießmaterial eingelegt werden muß. Bei Reliefs, bei denen dieses Merkmal fehlt, kennzeichnet man die Formmitte einfach mit einem Bleistiftstrich.

Materialbedarf pro Form

Wer mehrere Reliefs gießen will, sollte sich in den Fachgeschäften einen Relief-Formenkatalog besorgen. Dieser Katalog enthält zahlreiche farbige Gestaltungsvorschläge. Zusätzlich ist aber noch zu jedem Relief der genaue Materialbedarf mit angegeben.

Den Materialbedarf kann man sich allerdings auch selbst für eine Reliefform ausrechnen. Das ist besonders dann wichtig, wenn man in einer selbst hergestellten Form aus Formbaumasse ein Relief abgießen möchte*.

Dazu wird die Form zunächst ausgelitert, d. h. einfach mit Wasser gefüllt. Entweder gießt man das Wasser anschließend in einen großen Meßbecher oder man macht es gerade umgekehrt. Man füllt in einen Meßbecher Wasser und gießt das Wasser dann in die Form. So oft der Meßbecher neu gefüllt wird, wird auch die jeweilige Menge addiert, so daß schließlich das gesamte Volumen die Gesamtmenge ergibt, die die Form an Flüssigkeit aufnimmt.

Es gibt einige Faustregeln zum Errechnen des Materialbedarfs: Da allerdings einige Materialien zusammen verwendet werden, z. B. Poly-Bernsteinharz B und Relief-Füllstoff, werden die Umrechnungsfaktoren in der folgenden Tabelle gemeinsam genannt. Die Angaben basieren alle auf einem Fassungsinhalt von 1000 ml, so daß sie leicht auf die tatsächlichen Gegebenheiten umgerechnet werden können.

Material	Spezifisches Gewicht	Materialbedarf in g bei einer Form mit 1 000 ml Inhalt	Gesamtgewicht
Poly-Giessharz F	1,1	1100 g	1100 g
Poly-Bernsteinharz B	1,1	600 g	1600 g
Relief-Füllstoff	1,0	1000 g	
Poly-Holzgussmasse	0,8	800 g	800 g
Keramin	1,5	1500 g	1500 g
Reliefwachs	0,7	700 g	700 g
Wasser (Nur zum Vergleich)	1,0	1000 g	1000 g

** Ausführliche Information für die Herstellung von eigenen Formen enthält das Buch: »Formen selbstgemacht« (Verlag: hobby-time).*

Formenvorbehandlung

Damit die Relief-Formen möglichst oft verwendet werden können, sollte man sie vor jedem Formabguß mit Formentrennwachs ganz dünn ausstreichen oder mit Formen-Teflon-Spray einsprühen. Das sichert gleichzeitig auch ein müheloses Entformen der fertigen, ausgehärteten Teile.

Keramin – das Pulver aus dem man Bilder macht

Materialbedarf:
Keramin
Wasser

Die Geschichte der Alabaster-Kunst läßt sich bis in die frühen Anfänge der Zivilisation zurückverfolgen. Als der Mensch die ersten Gravuren und Skulpturen anfertigte, benutzte er Alabaster, der Wände und Boden seiner Höhlenwohnung bedeckte. Geschützt und geweiht, haben Götterstatuen aus Alabaster-Tropfstein Jahrtausende in den Heiligen Buddha-Höhlen bis zum heutigen Zeitpunkt überdauert.

Assyrische Könige hielten ihre Kriegs- und Jagdtriumphe in prächtigen Wandverzierungen auf Alabaster-Fachbildwerken fest. Als die vielleicht berühmtesten Beispiele von Alabaster-Skulpturen sind die Ölleuchten und Weinbehälter zu erwähnen, die im Jahr 1922 im Tal der Könige im Grabgewölbe des mit 9 Jahren zum ägypt. König gekrönten Tutanchamun (1346 – 33 v. Chr.) entdeckt wurden.

Auf dem Höhepunkt der Renaissance um 1400 n. Chr. wurde in den Bergen der Toskana eine reiche Alabaster-Ader gefunden. Bildhauer und Handwerker wurden auf der Suche nach einer Gelegenheit, mit dem kostbaren Marmor zu arbeiten, von diesem rauhen, zerklüfteten Land angezogen. Auch heute gilt die Toskana immer noch als weltberühmtes Zentrum der Alabaster-Bildhauerkunst.

Eine Kunst, die zu beherrschen viele Jahre mühevollen Lernens erfordert. Aber auch hier hat die Technik und die moderne Chemie Möglichkeiten gefunden, um perfekte Imitationen mit anderen Materialien zu schaffen. Allerdings wird hier eine Skulptur nicht aus einem harten Marmorblock herausgearbeitet, vielmehr gießt man seine Kunstwerke in den vorgegebenen – oder aus Formbaumasse oder Wachs selbst hergestellten Formen mit dem steinharten Keraminpulver.

Es gibt wohl kaum ein vergleichbares Material, das so universell und vielseitig zu verarbeiten ist, wie Keramin. Mit und aus Keramin lassen sich neben Reliefs, Figuren, Schalen, Krügen, Tischplatten, Schmuckanhängern, Türgriffen noch unzählige andere Dinge des täglichen Bedarfs herstellen.

Täglich begegnen wir diesem fantastischen Material, sei es als kunstvoll dekorierter Griff an einem Salatbesteck, als zauberhafter Aschenbecher oder in Form einer raffiniert strukturierten Schmuckkassette.

Die einfache Verarbeitung und der günstige Preis für dieses Produkt waren sicher Wegbereiter für einen Hobbyartikel der einfach begeistern muß.

So einfach Keramin in der Verarbeitung auch ist – die Kreativität beginnt auch hier bei der umfangreichen Oberflächennachbehandlung. Fantasie und etwas Mut sollte außerdem jeder mitbringen, um nach einiger Zeit selbst einmal die aus Keramin gegossenen Teile mit neuen Farbvarianten und Farbkombinationen zu verzieren:
hier bietet sich ein breites Feld, um eigene Experimente zu wagen!

Keramin gießen

In eine Dose oder einen Mischbecher gibt man 1 Teil Wasser und 3 Teile Keramin. Dabei soll das Keraminpulver langsam in das Wasser eingestreut werden, damit Luftblasen gleich aus dem Materialgemisch entweichen können. Danach wird das Keraminpulver mit Wasser gut verrührt (vermischt), so daß ein sämiger Brei entsteht, der dann ca. 1 – 2 Minuten vorreagieren soll. In dieser Zeit entweichen auch Luftblasen, die evtl. durch das Mischen mit eingerührt wurden.

Bis zum Versteifungsbeginn (Aushärten) verbleiben ca. 5 – 6 Minuten, so daß man den Keraminbrei in aller Ruhe in die bereitgestellte Form füllen kann. Reicht die Zeit einmal nicht aus und beginnt das Keramin bereits hart zu werden, so kann es noch einmal für ein bis zwei Minuten verflüssigt werden. Dazu wird der Keraminbrei nochmals gut durchgerührt. Danach muß er dann aber sofort verarbeitet werden.

Eine andere Möglichkeit besteht darin, das Keramingemisch durch eine erhöhte Wasserzugabe länger flüssig zu halten. Allerdings hat das einen Nachteil: das Keramin quillt dann so auf, daß das zu gießende Teil, zumindest auf der Rückseite nicht so hart wird, bzw. sich dort eine Art „Schlacke" absetzt, die nach dem Aushärten des Teiles einfach abgewaschen werden kann.

Grundsätzlich gilt folgende Regel: Je weniger Wasser zum Keramin zugegeben wird, desto fester, also härter wird das daraus herzustellende Teil. Deshalb sollte man das Mischungsverhältnis immer sehr genau einhalten.

Keramin ist ein auf chemischer Basis modifiziertes Keramikpulver. Es reagiert nach dem Vermischen mit Wasser, wobei es sich je nach Dicke und Größe des Formteils wie alle Kunststoffe bei der Aushärtung mehr oder weniger stark erwärmt. Nach ca. 30 Minuten ist das Teil bereits ausgehärtet – es kann dann sofort aus der Form herausgenommen werden. Auch ein Nachbehandeln mit verschiedenen Farben und Glasuren ist sofort möglich.

Keramin ist ungiftig! Auch beim Verarbeiten entwickelt es nicht – wie beispielsweise Polyesterharze – einen unangenehmen Geruch. Bekommt man beim Verarbeiten einmal flüssigen Keraminbrei auf die Hände, Finger oder die Kleidung, so ist das nicht weiter schlimm. Solange der Keraminbrei noch nicht ausgehärtet ist, wird er mit kaltem Wasser ausgewaschen. Ausgehärtete Keraminreste lassen sich aus der Kleidung einfach ausbrechen – notfalls die Stelle vorsichtig mit einem Hammer bearbeiten, bis das ausgehärtete Keramin pulverförmig geworden ist. Danach werden Reste nur noch aus der Kleidung ausgebürstet.

Keramin ist also das ideale Werkmaterial, mit den unbegrenzten Bastelmöglichkeiten.

Dieses Zaubermaterial wird in den Bastelgeschäften in zwei Qualitäten als hellelfenbeinfarbiges Pulver angeboten:

Keramin wird hauptsächlich für die Herstellung von Reliefs, Schalen, Griffen und zahlreichen anderen Formteilen verwendet. Dabei besteht die Möglichkeit, diese Teile noch beliebig nachzuarbeiten, z. B. durch Schaben, Ritzen, Feilen, Fräsen und Bohren, was mit allen herkömmlichen Werkzeugen gemacht werden kann. Sgraffitotechnik , Schabtechnik sowie zahlreiche andere Basteltechniken lassen sich durch diese Materialkomposition ideal verwirklichen.

Keramin-S – das witterungsbeständige extra harte Reliefgießpulver

Mit diesem Material werden hauptsächlich porzellanartige Gegenstände gegossen. Keramin-S ist hydrophobiert, d.h. dieses Material kann auch zur Herstellung von Gartenfiguren, Wandverkleidungen, also Teilen verwendet werden, die ohne einen Schutz- oder Lacküberzug, immun gegen alle Witterungseinflüsse sein müssen.

Keramin-S hat gegenüber dem normalen Keramin den Vorteil, daß es nach dem Aushärten keine Feuchtigkeit mehr aufnimmt. Das Material wird allerdings durch diesen Chemikalienzusatz so hart, daß es anschließend auch nicht mehr mechanisch nachbearbeitet werden kann. Für dünne und sehr leicht zerbrechliche Formteile sollte Keramin-S deshalb nicht unbedingt verwendet werden. Durch die Härte werden die fertigen Teile auch etwas spröder. Deshalb besteht bei kleinen, empfindlichen Teilen leicht die Gefahr des Zerbrechens, worauf man besonders beim Entformen achten muß.

Keramin-S wird wie Keramin mit Wasser vermischt. Da dieses Material aber hauptsächlich dazu verwendet wird, um besonders harte Formteile zu gießen, sollte man auch hier unbedingt das folgende Mischungsverhältnis einhalten:

1 Teil Wasser – 4 Teile Keramin-S.

Die Verarbeitung von Keramin-S und Keramin ist sonst genau gleich. Auch hier bedeutet eine erhöhte Wasserzugabe eine verminderte Härte. Bei diesem Material verdunstet das beim Mischen mit eingerührte Wasser bei der Aushärtung vollständig. Es verbleibt nur noch eine geringe Menge Feuchtigkeit darin enthalten, die dann aber nach einer weiteren Stunde restlos absorbiert wird. Deshalb können Teile aus Keramin-S sofort nach dem Aushärten, also nach dem Entformen, nach ca. 30 – 90 Minuten mit **allen** Lacken, Farben und Glasuren weiterbehandelt werden.

Kniffe und Tips beim Keramingießen

1. Keramin anrühren:

Immer erst Wasser in den Mischbecher füllen. Danach dann das Keraminpulver langsam einrühren und dabei gleichzeitig verrühren. Dabei darauf achten, daß ein dickflüssiger Keraminbrei entsteht.

2. Richtige Mischung:

Der Keraminbrei muß am Rührholz wie ein Brei herabtropfen – also nie zu dünnflüssig verarbeiten!

3. Einfüllen in die Form:

Erst eine kleine Menge von dem Keraminbrei in die Form füllen, und zwar soviel, daß die Form halb bis dreiviertelvoll mit Keramin ausgefüllt ist. Danach mit einem Pinsel kreuz und quer durch die Form fahren. Dabei den Pinsel immer auf dem Formboden belassen – also nicht herausnehmen. Dadurch wird erreicht, daß Luftblasen, die sich beim Einfüllen des Keraminbreies an der Formwand festgesetzt haben, weggedrückt werden. Anschließend den Pinsel sofort mit Wasser gut ausspülen damit das Keramin darin nicht aushärtet und ihn unbrauchbar macht.

4. Reliefeingießaufhänger einlegen:

Etwas Keraminbrei in die rückwärtige Mulde (Tasche) des Eingießaufhängers einfüllen. Danach den Eingießaufhänger in den Keraminbrei einlegen. Ggf. den Eingießaufhänger noch mit einem Geldstück beschweren, damit er fest in dem Keraminbrei eingebettet ist.

Wichtig: die obere Abdeckplatte des Eingießaufhängers muß bündig mit der Rückfläche des Reliefs sein!

6. Entformen:

Form an den Ecken vorsichtig von dem Keraminteil abbiegen oder abziehen. Diesen Vorgang zunächst an allen Ecken oder verschiedenen Stellen der Form wiederholen. Dann die Form an den dazwischen liegenden Randstellen ebenfalls etwas von dem Keraminteil abheben. Dabei soll die Form so auf dem Arbeitstisch liegen, daß die Formoberseite nach oben zeigt. Mit der linken Hand wird dabei die Form mit dem Relief fest auf die Arbeitsplatte gepreßt, während die rechte Hand die Form etwas anhebt. Bei den transparenten Formen kann man bei dieser Arbeit auch genau beobachten, wie sich die Form von dem Keraminteil löst.

Zum Schluß kann man die Form an zwei Seiten mit den Händen anfassen und von dem Relief abheben.

***Bitte beachten:** beim Entformen die Reliefoberfläche möglichst nicht mit den Händen berühren. Das Keramin entzieht den Händen dabei kleine Mengen Schweiß, was sich später – besonders beim Nachbehandeln der Reliefs mit Hobbybeize als unangenehme weiße Flecken bemerkbar machen kann.*

5. Entformen komplizierter Reliefs:

Form wie erwähnt vorsichtig von den Seitenrändern des Reliefs oder Formteiles ablösen. Danach die Reliefform mit dem Formteil in die rechte Hand nehmen und in die linke Hand »ausklopfen«. Dabei rutscht das Relief dann gleichmäßig, Stück für Stück, aus der Form heraus. Das erleichtert das Entformen von konischen Formteilen, z.B. Aschenbecher, Kerzenständer, Fensterrahmenformen etc.

Reliefform: Mutter und Kind

Farbiges Gestalten der Keraminteile

Nach dem Gießen der Keraminteile ist das farbige Gestalten sicher die kreative Kunst. Dabei kommt es zunächst einmal darauf an, welcher Farbeffekt am besten zu einem Relief paßt. Besonders vorteilhaft ist auch, daß man den Keramin-Rohling genau vor sich liegen hat, so daß man sich dann viel besser vorstellen kann, wie die eine oder andere Farbkombination zu diesem Teil aber evtl. zu dem Raum und darin befindlichen Möbelstücken paßt, in dem das Relief später als gelungener Wandschmuck wirkungsvoll zur Geltung kommen soll.

Die moderne Chemie macht es möglich; mit ungefährlichen und vollkommen ungiftigen Farben können großartige Materialeffekte imitiert werden: Holz, Metall, Marmor, Porzellan, Ton, Keramik. Aber die Vielzahl der Farbtechniken reicht noch viel weiter, so daß allein durch die Kombination der verschiedenen Farben oder auch durch die Verwendung von Spezialfarben und -glasuren ausgefallene Farbeffekte erzielt werden können.

Man kann wirklich sagen: es muß nicht immer ein kunstvoll bemaltes Relief sein, vielmehr liegt es hier allein am Geschmack und der Kunst, diesem oder jenem Relief auch die richtige Farbkombination zuzuordnen.

. . . und noch etwas ist wichtig: wenn dann trotzdem einmal etwas nicht ganz gelingt – die meisten Reliefs können immer noch verwendet werden, z.B. dann, wenn eine nicht ganz so gut gelungene Farbkombination hinterher mit Metalloid-Glasur überzogen wird.

Aber es gibt auch einige andere Farbtechniken und Materialien, von denen man eines sagen kann: werden diese Materialien richtig angewandt, dann wird auch das Relief gut!

Mit etwas Geschick, vor allem aber einer guten Farbharmonie und Geschmack kann man aber auch die verschiedenen Farben gekonnt kombinieren, mit dem Ziel: Anordnung von außergewöhnlichen Farbeffekten, Herstellung von einmalig schönen Reliefbildern.

Farb-Beispiele

Ein Baum – viermal das gleiche Modell, jedoch ein immer wieder anderer Effekt. Was man alles machen kann, zeigen diese Abbildungen. Mit Fantasie und Farbe läßt sich einiges erreichen. Die Bäume wurden einerseits durch das zusätzliche Auftragen von kleinen Keraminteilen in ihrer Oberflächenstruktur verändert, andererseits wurde dann diese Änderung durch das unterschiedliche Bemalen bewußt hervorgehoben.

1. Dorflinde im zarten Grün

2. Ein Apfelbaum mit herzhaften goldgelben Äpfeln. Die Äpfel werden durch die nachträglich auf das Relief aufgebrachten kleinen Keramintröpfen dargestellt. (Aufkleben und Verkleben von Keraminteilen siehe »Keraminkleben« – Seite 48).

3. Ein Baum mit fantastisch verfärbtem Blätterwerk. Man könnte das Aussehen auch als herbstlich bezeichnen.

4. Ein recht wuchtig wirkender Baum. Die knorrigen Äste wurden einfach mit Keramin nachträglich auf das Relief aufgetragen und dann mit einem Modellierstäbchen so gestaltet, daß eine Aststruktur entstand. Die richtige Wirkung entstand dann hinterher nach dem Bemalen des Baumes.

Einfärben von Keramin

Keramin und Keramin S können mit den speziell dafür entwickelten Keramin-Färbern eingefärbt werden. Dabei stehen die Farben umbragrün, ziegelrot und schwarz zur Verfügung. Eine größere Palette an Färbemitteln wird gar nicht benötigt, wenn man überlegt, was mit dem Einfärben bezweckt werden soll: Eine schwarze oder auch graue Einfärbung eignet sich hervorragend, um Schieferimitationen, z.B. Pflanzen- und Fossilabdrücke zu imitieren. Dagegen wird die ziegelrote Einfärbung hauptsächlich dann verwendet, wenn tonartige Reliefs oder Modeln hergestellt werden sollen. Selbstverständlich kann auch die eine oder andere Farbe, die man sonst gerne als Grundfarbton für die ausgehärteten Reliefbilder verwenden möchte, mit diesen drei Farben gemischt werden. Um andere Farbtöne zu erzielen, gibt es noch die eine oder andere Hobbymalfarbe, die mit Wasser vermischt, das Keramin einfärbt. Dabei besteht aber die Gefahr, daß das Keramin nicht aushärtet, weil wie bei vielen ähnlichen chemischen Produkten dann eine gewisse Gegenreaktion erfolgt, die die Aushärtung verhindert.

Keramin – schwarz eingefärbt – anschließend mit einem weichen, mit Relief-Metallicpaste benetzten Tuch, leicht überstrichen.

Zum Einfärben wird das Wasser mit dem Keraminfärber vermischt und anschließend das Keraminpulver in das eingefärbte Wasser geschüttet und intensiv damit vermischt.

Marmorierte Aschenbecher aus farbig eingefärbten Keraminmassen. Damit die Aschenbecher auch zu gebrauchen sind, werden sie zum Schluß mit transparenter Kaltglasur lasiert.

Marmoreffekt

Gießt man zwei oder drei verschieden eingefärbte Keraminmassen zusammen in eine Form, so entsteht eine perfekte Marmorierung. Dieser Effekt wird gerne bei praktischen Gebrauchsgegenständen angewandt, um beispielsweise sehr schöne Aschenbecher und Kerzenständer herstellen zu können.

Dazu färbt man zunächst das Wasser mit der entsprechenden Farbe und gibt dann das Keraminpulver wie gewohnt hinzu. Die verschiedenen farbigen Keraminmassen werden dann zusammen in die Form gegeben und mit einem Pinsel darin etwas verquirlt. Gleichzeitig werden dadurch evtl. vorhandene Luftblasen beseitigt.

Keramik

Zahlreiche Reliefs, besonders aber Wandteller und Siegel wirken im Stil gebrannter Keramik recht reizvoll. Nicht aus Ton, sondern aus Keramin, werden diese Teile hergestellt. Ton bekommt durch das Brennen im Ofen eine unterschiedlich starke braune Färbung (Dunkel-Hell-Effekt).

Die aus Keramin gegossenen Reliefs kann man auch mit diesem Keramik-Effekt versehen. Allerdings werden diese Stücke nicht im Ofen gebrannt – es geht viel einfacher: man verwendet dazu Relief-Konturencreme, mit einem Pinsel je nach gewünschter Wirkung mehr oder weniger stark auf das Relief aufgetragen wird.

Nachdem die Creme einige Minuten einwirken konnte, wird sie mit einer weichen Bürste gleichmäßig auf dem Relief verteilt. Dabei setzt sich die Konturencreme auf den erhabenen Flächen stärker ab, so daß der typische Effekt gebrannter Keramik entsteht. Mit einem weichen Tuch wird nachpoliert – evtl. noch mit feiner Stahlwolle (Typ 000) nachschleifen, bis die Keramikimitation perfekt ist.

Danach wird das Teil mit mattem Universal-Bastellack-Spray leicht übersprüht. Der Lack trocknet unsichtbar auf. Dabei wird das Relief und die dünne Beschichtung der Konturencreme durch den zarten Lackfilm geschützt.

»Wandteller St. Maria« Ein Hauch von Keramik – ein besonders wertvolles Stück – selbst gemacht. Als Material wurde Keramin-S verwendet – mit Universal-Bastellack-Spray übersprüht und danach mit Konturencreme ganz dünn überzogen; so daß die erhabenen Teile nur ganz leicht einen Hauch von Braun erhalten.

Keramikkacheln

Der typische Effekt gebrannter Keramik auf einem wertvollen Relief, einem Wandteller oder einer Fliese läßt sich durch die kombinierte Anwendung der beiden Produkte »Keramin-Malgrundierung« und »Hobby-Lasur« spielend einfach imitieren.

Dazu wird das gut vorgetrocknete Keraminteil zunächst mit der transparenten oder rottransparenten Keramin-Malgrundierung sorgfältig eingestrichen. Die Malgrundierung braucht ungefähr 2–3 Stunden, um vollständig aufzutrocknen. Dabei wird das Keraminteil gleichzeitig versiegelt.

Danach folgt das Auftragen der Hobbylasur, die es in verschiedenen Farbtönen – von einem goldbraun bis zu einem auberginerot und schließlich zu einem »sehr dunkel gebrannten« Keramikbraun gibt. Der Keramikeffekt kann noch durch ein zweimaliges Auftragen der Hobbylasur verstärkt werden, so daß die Teile dann hinterher tatsächlich so aussehen, als wären sie etwas zu lange »im Ofen« gewesen.

Besonders reizvoll kommt die Wirkung dieses Keramikeffektes auch bei kleinen Anhängern heraus, die entweder als Schmuck für den Wohnraum oder als Geschenkanhänger immer gern gesehen sind. Z.B. kleine barockartige Anhänger, Wappenvogelmotive aber auch Anhänger mit kleinen Blumenornamenten, die zudem auch als Anhänger für einen netten Frühlingsstrauß für Stimmung und Atmosphäre sorgen.

Keramikeffekte werden immer aktueller. Deshalb soll hier auch noch eine weitere Variante für einen anderen interessanten Keramikeffekt aufgezeigt werden:

Eine kleine Menge Universal-Patina wird mit Universal-Lack-Verdünner vermischt, so daß eine dunkelbraune Flüssigkeit entsteht. Mit dieser Spezialpatina werden die Keraminrohteile ein bis zweimal eingestrichen. Dabei sollte man Kanten und Seitenränder stärker „patinieren", damit der Keramikeffekt, der ja bei richtiger Keramik durch das Einbrennen im Ofen entsteht, nicht zu gleichmäßig erfolgt.

Mehr ist hier eigentlich nicht zu tun. Zum Schluß folgt nur noch ein dünner Überzug mit transparentem Bastellack – wahlweise glänzend, seidenmatt oder matt.

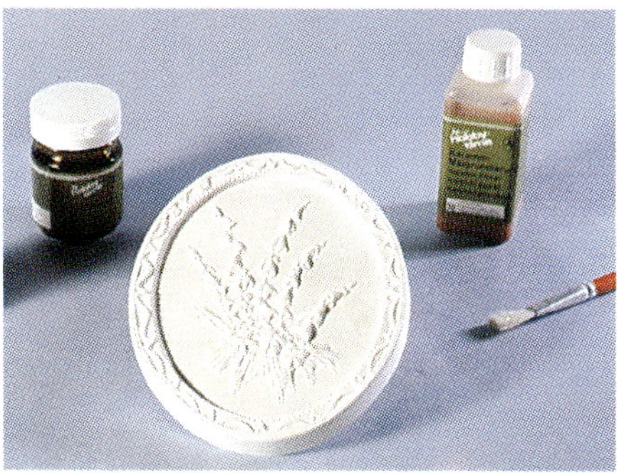

Kontureneffekt

Besonders reizvolle Bilder lassen sich durch das Auftragen der Konturencreme herstellen. Die Konturencreme ist dabei in den Farbtönen grün, schwarz, farblos, rot- und dunkelbraun erhältlich und wird einfach mit einer weichen Patinierbürste auf das Relief gut deckend aufgetragen.

Anschließend muß die Konturencreme ca. 5 Minuten antrocknen. Mit einer weichen Polierbürste (Schuh- oder Kleiderbürste) wird das Relief danach dann kräftig poliert. Dabei wird die Konturencreme zunächst gleichmäßig über das gesamte Relief verteilt, um sich dann aber anschließend auf den erhabenen Teilen stärker abzusetzen. Das Bild bekommt einen fast speckigen Mattglanz, wobei die erhabenen Stellen durch den verstärkten Auftrag der Konturencreme dunkler wirken. Diese Technik wird besonders gerne angewendet, wenn Leder- oder Holzeffekte imitiert werden sollen.

Springende Pferde
Farbeffekt mit rotbrauner Konturencreme hergestellt.

Steine perfekt imitiert

Ein altes Relief – aus längst vergangener Zeit – ein antikes Stück – Zeugnis einer bewegten Vergangenheit – oder? – Nicht ganz – denn dieses kostbare Stück ist nicht das Original – es ist ein Replikat!

Sandgestein, Graphit und Schiefer – jede Gesteinsart kann mit Teilen aus Keramin und der Konturencreme imitiert werden. Dazu wird das Relief mit der Konturencreme dünn eingestrichen. Nach ca. 5 Minuten erfolgt ein erneuter Auftrag – diesmal jedoch mit farbloser Konturencreme. Mit einem weichen Tuch wird das Teil danach sofort nachpoliert.

Dabei wird von den erhabenen Teilen des Reliefs die Creme fast wieder ganz abgenommen, so daß nur noch ein ganz dünner lasierender Farbauftrag, der in die Oberfläche des Keraminteils eingerieben wurde, zurückbleibt.

Durch Mischen oder das Neben- bzw. Über- und Nacheinanderauftragen der verschiedenen Farben der Konturencreme (dunkel- und rotbraun, grün, schwarz und farblos) kann fast jede Farbnuance erzielt werden.

Rustikal-Uhr
Dieses Ziffernblatt besteht aus zwei Teilen. Das holzartige Uhrenrelief, in dem dann hinterher das Ziffernblatt mit den Keraminkleber Keramin-Coll eingeklebt wird. Und damit dieses Ziffernblatt auch als Uhr verwendet werden kann, gibt es auch die notwendigen Zubehörteile in den Bastelgeschäften. Ein praktisches Quarz-Laufwerk mit dazu passenden Zeigern.

Holzstrukturen

Reliefs- und Dekorationsteile, bei denen nicht unbedingt das spezifische Holzgewicht wichtig ist, können ebenfalls aus Keramin gegossen werden. Den erforderlichen Holzeffekt erhalten sie anschließend durch die verschiedenen Beizen und Farben.

Zunächst grundiert man die Teile mit Hobbybeize, die es in den Farbtönen: eiche hell und dunkel, mahagoni, nußbaum und schwarz gibt. Danach trägt man mit der Patinierbürste die Konturencreme auf das Teil auf, wobei sich die dunkelbraune Konturencreme am besten bewährt hat und läßt sie ca. 5 Minuten antrocknen. Dann zieht man mit einer harten Bürste oder einem Pinsel die „Holzmaserung" gleichmäßig auf das Teil auf.

Wichtig ist dabei, daß die Maserung immer in einer Richtung verläuft, also so, wie auch bei richtigem Holz. Nach 1 – 2 Stunden ist die Creme fest angetrocknet und hart geworden. Jetzt wird

das Teil nur noch mit einer sehr weichen Bürste nachpoliert. Fertig ist eine perfekte Holzimitation.
Zu empfehlen ist ein anschließender dünner Überzug mit dem transparentfarblosen Universal-Bastellackspray. Die Konturencreme, die auf Wachsbasis aufgebaut ist, versiegelt zwar auch die Keraminteile, sie schützt sie dadurch aber auch gleichzeitig weitgehend gegen Feuchtigkeit und Witterungseinflüsse. Deshalb ist der empfohlene unsichtbare Lacküberzug bei dieser Farbtechnik immer zu beachten.
Aufgrund ihrer chemischen Zusammensetzung enthält die Konturencreme eine Fettsubstanz, nämlich Wachs. Vorteilhaft ist dabei, daß sie aber dennoch mit dem Bastellackspray verträglich ist, so daß dadurch überhaupt erst die Kombination dieser beiden Spezialprodukte möglich wurde.

Porzellaneffekt

Teile, die aus Keramin-S gegossen wurden, besitzen durch die weiße Einfärbung des Materials bereits ein porzellanartiges Aussehen. Sie können deshalb aber noch patiniert, lackiert oder mit Kaltglasur lasiert werden, wodurch die porzellanartige Wirkung zusätzlich noch unterstrichen wird.

Technik ohne Namen

Eine besondere Technik, die gern bei alten Siegeln, Modeln und Wappenmotiven angewandt wird, bezeichnet man als die „Namenlose".
Dazu wird ein aus Keramin gegossenes Siegel zunächst mit Glasmalcolor Farbton: zitron überstrichen. Nach ca. 30 Minuten trägt man eine weitere Farbe auf, z. B. Glasmalcolor braun. Die Farben sollen danach 5 bis 6 Stunden gut trocknen und aushärten. Danach erfolgt ein ganz dünner Überzug mit Konturencreme, um anschließend das Siegel mit feiner Stahlwolle (Typ 000) leicht abzuschleifen. Dabei wird die Farbe ungleich und unterschiedlich stark abgetragen, so daß der ursprünglich gelbe Farbton, der zuerst aufgetragenen Farbe teilweise wieder sichtbar wird. Das Siegel bekommt das Aussehen einer sehr alten, gebrannten Kachel.
Anschließend wird das Siegel nochmals mit Konturencreme ganz dünn übergestrichen – einige Minuten später mit einer weichen Bürste nachpoliert und zum Schluß mit einem weichen Wollappen auf Hochglanz poliert.

Metalleffekte

Diese Technik findet überaus großes Interesse, zumal die Herstellung von Reliefs mit einem metallischen Aussehen in Verbindung mit Keramin viel preiswerter, als das bisherige Verfahren mit dem verhältnismäßig kostspieligem Polyesterharz ist.

Zunächst wird das Relief aus Keramin gegossen und anschließend gleich mit Keramin-Malgrundierung schwarz, braun oder grün übermalt. Danach wird mit einem weichen Pinsel oder einem Stück Schaumstoff Relief-Metallic-Paste auf das Relief aufgetragen. Diese extra für die Keramin-Relief- und Figurentechnik entwickelte Relief-Metallic-Paste ist sehr ergiebig, so daß für ein großes Relief bereits eine ganz kleine Menge dieser Paste ausreicht. Dieses Verfahren vollzieht sich genau gegensätzlich zu der sonst üblichen Patinierung.

Während die Patina immer erst zum Schluß aufgetragen wird, damit sie dann nach dem Polieren in den Vertiefungen zurückbleibt, wird die Relief-Metallic-Paste einfach auf die erhabenen Teile des zuvor grundierten Reliefs aufgetragen.

Diese Stellen wirken also metallisch – während die Vertiefungen ohne die Metallic-Paste bereits alt-verschmutzt – und damit so antik wirken, daß ein Relief dadurch wirklich wie ein altes Metallbild wirkt.

Man sollte deshalb beim Auftragen der Relief-Metallicpaste besonderen Wert auf möglichst weiche Konturen legen. Deshalb die Paste ganz leicht und dünn aufwischen, damit sie an den erhabenen Stellen stärker – zum Rand und zu den Vertiefungen hin schwächer wird.

Ofenplatten ▲ *Morgen* ▲ *Mittag*

▼ *Abend*

Die Keramin-Malgrundierung dient also gleich als Patina. Dabei wirken besonders folgende Farbkompositionen:

Grundierung	Relief-Metallic-Paste
schwarz	kupfer, zinn, bronze (gold)
braun	kupfer und bronze
grün (Grünspaneffekt)	kupfer und bronze

Auch das Auftragen der Relief-Metallic-Paste bietet vielerlei Varianten. Nicht immer liegt der Reiz in dem besonders „knalligen" Metalleffekt. Vielmehr soll diese Paste nur einen Metalleffekt andeuten. So kann man die vorgrundierten Teile auch nur ganz leicht an den erhabenen Stellen mit einem Hauch von „Metall" versehen.

Kacheln – selbst gemacht

Ein ganz besonders schöner Zimmerschmuck kann jetzt selbst hergestellt werden. Kacheln mit Reliefstruktur! – So perfekt und dekorativ, wie die, die man kaufen kann – nur noch ein bißchen wertvoller! Solche Kacheln gab es bisher eigentlich noch nie. Ein Bastelspaß – der praktisch und außergewöhnlich dekorativ ist.

Dabei braucht man sich nicht unbedingt nur auf die angebotenen Kachelformen zu beschränken, sondern kann seine Kachelmotive auch selbst herstellen.

Zunächst gießt man in einer flachen Gießform eine ca. 1 cm dicke Wachsplatte aus Ceroplast-Reliefwachs. Das Wachs wird dazu in einem Topf eingeschmolzen (siehe Wachsreliefherstellung) und in die Form gefüllt.

Ca. 2–3 Stunden später wird die ausgehärtete Wachsplatte aus der Form entnommen.

Mit einem Bleistift oder Kugelschreiber wird das gewünschte Kachelmotiv auf die Wachsplatte aufgezeichnet. Hat man eine Vorlage, so kann diese auch einfach auf die Wachsplatte aufgepaust werden.

Blumen, Tiere oder auch einfache geometrische Ornamente sind dabei bevorzugte Motive. Wichtig ist nur, daß bei der Motivwahl und Gestaltung geschlossene Felder oder Bildteile entstehen. Mit einem Bleistift werden dann die Konturen des Bildes auf der Wachsplatte nachgezogen (graviert) und schließlich mit einer Linolschnitzfeder (Hohleisen, gerade oder rund) ca. 3–4 mm tief ausgeschnitten. Mit einem weichen Pinsel wird die Wachsplatte von Wachsschnitzresten gereinigt. Danach paßt man die Wachsplatte wieder in die Gießform ein, und zwar so, daß das gravierte Bild nach oben hin sichtbar ist. Für die Herstellung der eigentlichen Kachel, rührt man Keramin an und gießt die Hälfte des flüssigen Keraminbreis in die Form, in der es mit einem Pinsel gut verteilt wird. Bitte darauf achten, daß alle Stellen ausgepinselt werden, damit evtl. Luftblasen, die beim Einfüllen des Materials in der Form verblieben sind, beseitigt werden. Ganz besondere Sorgfalt muß dabei verwandt werden, um die Rillen in der Wachsplatte von kleinen Luftblasen zu beseitigen. Danach wird das restliche Material in die Form gefüllt und in den oberen Teil des Bildes ein Relief-Eingießaufhänger in den Keraminbrei eingelegt. Nach ca. 30 – 60 Minuten ist das Keraminbild ausgehärtet und kann vorsichtig, zusammen mit der Wachsplatte aus der Form entnommen werden.

Danach sollte man sofort die Wachsplatte von der Keraminkachel abziehen.

Dabei muß man sehr behutsam vorgehen, damit die evtl. noch nicht ganz ausgehärtete Keraminkachel nicht zerbricht. Durch das Aushärten des Keramins und die dabei entstehende Wärme wird die Wachsplatte warm, so daß diese vorsichtig – ohne zu brechen – von dem Keraminteil abgebogen werden kann. Die Wachsplatte wird anschließend wieder gerade gebogen und kann sogleich zum Abformen der nächsten Kachel verwendet werden.

Eine andere Möglichkeit besteht darin, die Keraminkachel in der Form gut aushärten zu lassen. Danach legt man beide Platten – also die mit der Keraminplatte verbundene Wachsplatte in eine Schale mit warmem Wasser und kann einige Minuten später die jetzt wieder geschmeidig und biegsam gewordene Wachsplatte unbeschädigt von der Keraminkachel abziehen.

Will man mehrere Kacheln herstellen, so fertigt man sich von der Musterkachel eine Negativform aus Formbaumasse an. In dieser Form können dann mühelos innerhalb kurzer Zeit so viele Kacheln mit Keramin abgegossen werden, wie man beispielsweise zum Auskleiden einer Küche, eines Bades oder einer Wohndiele benötigt. Die fertigen Kacheln sollten möglichst 1–2 Tage gut austrocknen. Danach werden sie dann mit der farblosen Keramin-Malgrundierung vorbehandelt und anschließend mit Kaltglasur perfekt lasiert.

Beschichten von Fliesen und Kacheln mit Kaltglasur

Neben der Eigenherstellung von Kacheln und Fliesen, kann man diese Dekorationselemente auch in fertigen Reliefformen abgießen. Dafür stehen z.B. Motive mit Sternzeichen und Delfter Bildern zur Verfügung. Zu jeder dieser Fliesen gibt es auch eine passende neutrale Kachel, die zum Kombinieren der Fliesen als dekorative Wandverkleidung dieses Programm sinnvoll abrundet.

Die Dekorkachel enthält kein bestimmtes ausgeprägtes Relief, sondern nur eine leicht angedeutete ornamentale Struktur. Sie ist dadurch für eine Wandverkleidung ideal als Kombinationskachel zu verwenden. Zwischen diesen Dekorkacheln werden dann die Motivkacheln (Kacheln mit dem Reliefbild) je nach Dekorationsvorstellung mit eingebaut. Man kann damit ganze Wände verkleiden. – Ergebnis: eine Wanddekoration ganz besonderer Art.

Selbstverständlich kann man diese Teile auch einzeln verwenden, z.B. zum Ausschmücken einer Tellerbord, für Tischplatten oder als einzelne Kachelreliefs.

Verarbeiten der Kaltglasur

Die Kaltglasur ist ein Zweikomponentenmaterial, bestehend aus Kaltglasurharz und Kaltglasurhärter. Gemischt wird die Glasur am besten in den speziellen Meßbechern. Dazu gibt man beispielsweise in den großen Meßbecher mit der Aufschrift »Harz« bis zum Teilstrich 2 Kaltglasurharz und in den kleinen Meßbecher mit der Aufschrift »Härter« bis zum Teilstrich 2 Kaltglasurhärter.

Zum Mischen werden Harz und Härter in einen entsprechend großen Mischbecher gefüllt. Beide Komponenten werden dann sehr gut miteinander verrührt. Auf das intensive Mischen kommt es bei diesem Material besonders an. Danach ist dic Kaltglasurmischung fertig.

Einfärben der Kaltglasur

Die fertige Kaltglasur wird in kleine Farbmischbecher gefüllt. Zu beachten ist dabei, daß die Glasur nicht höher als 15mm in die Becher gefüllt werden darf, da sie sonst zu schnell aushärtet. Anschließend wird die Glasur in den kleinen Farbmischbechern mit Harzabtönfarbe eingefärbt. Die Harzabtönfarbe ist sehr stark pigmentiert, deshalb genügt zum Einfärben der Glasur eine ganz geringe Menge dieser Spezialfarbe. Selbstverständlich können die farbigen Glasuren auch noch untereinander beliebig gemischt und so alle gewünschten Farbtöne selbst hergestellt werden.

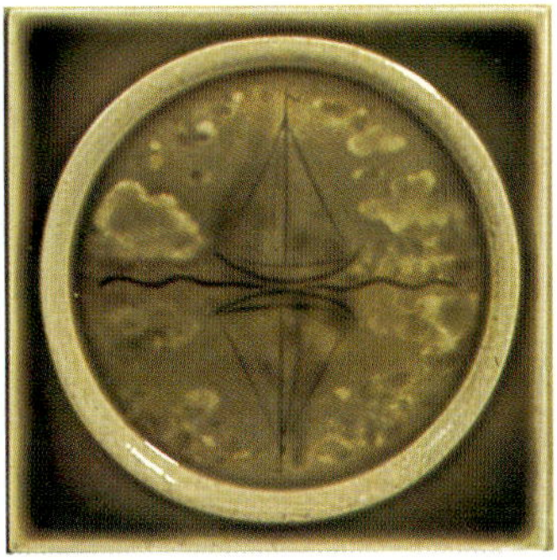

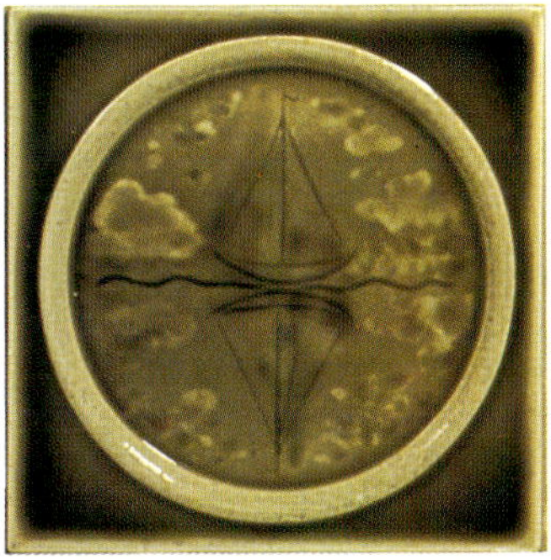

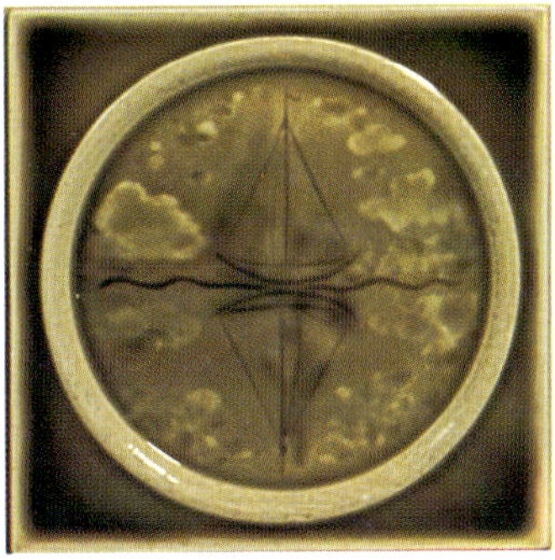

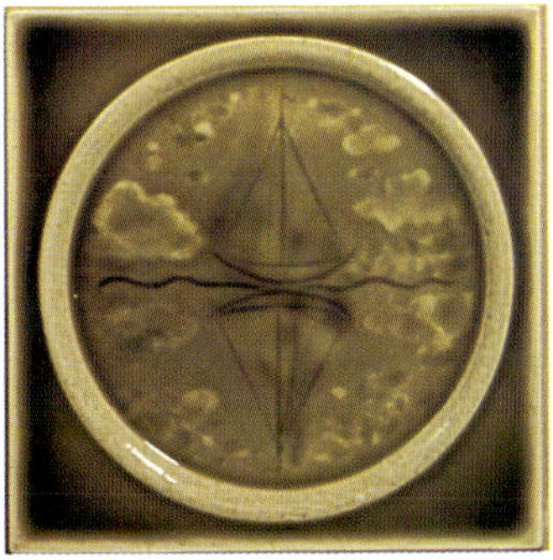

Fliesen:

1. Holland

2. Dekorfliese

3. Ostfriesland

4. Nordseeküste

5. Windmühle

6. Fischerboot

7. Windmühlenidylle

Auftragen der Kaltglasur

Die gemischte Kaltglasur soll mindestens 15 Minuten vorreagieren. In dieser Zeit entweichen auch die evtl. durch das Mischen mit eingerührten Luftblasen. Je nach angerührter Kaltglasurmenge beträgt die Verarbeitungszeit 1–6 Stunden. Dabei wird die Glasur zunächst immer dickflüssiger und schließlich geleeartig und härtet dann nach 8–10 Stunden fest aus. Völlige Aushärtung erfolgt nach 24 Stunden.

Die Umgebungstemperatur beim Verarbeiten dieses Materials sollte mindestens 18 bis 20°C betragen. Bei den fertig beschichteten Gegenständen sollte man nach ca. 3 Stunden noch mit einem weichen Pinsel vorsichtig über die Glasur hinwegstreichen. Dabei werden kleine Unebenheiten – meistens Luftblasen, die unter der Glasuroberfläche festsitzen, aufgerissen, also geöffnet und zerstört. Die dabei entstehenden Löcher in der Oberfläche der Glasur schließen sich wieder, so daß eine spiegelglatte, dichte Oberflächenbeschichtung entsteht.

Beim farbigen Lasieren der Kachelbilder verwendet man transparent eingefärbte Glasuren. Bei den Fliesen – z.B. den Delfter Motiven, sollte man eine blau transparente eingefärbte Glasur zum Beschichten verwenden.

Am schönsten wirken die Fliesen, wenn sie nur einfarbig beschichtet werden. Dadurch entsteht ein „Dunkel-Hell-Kontrast", der die Konturen und das Motiv der Fliesen sehr gut zur Wirkung bringt. Die Kaltglasur hat ja die Eigenschaft, daß sie immer so verläuft, daß sich eine spiegelglatte Oberfläche bildet. Dabei werden tieferliegende Stellen dicker von der Glasur abgedeckt, so daß der erwähnte „Farbschattierungs-Effekt" entsteht. Es stehen als transparente Harzabtönfarben folgende Farbtöne zur Verfügung: grün, blau, kirschrot und gold.

Durch Kombination dieser Farben können alle bekannten Fliesen- und Kachelfarbtöne selbst gemischt werden:

kirschrot u. grün	= dunkelbraun
kirschrot u. grün u. gold	= ocker bis oliv
kirschrot u. blau	= violett
kirschrot u. blau u. gold	= altrose
grün u. blau	= blaugrün
grün u. blau u. gold	= hellgrün
grün u. gold	= sehr helles grün
blau u. gold	= helles blaugrün

Je nach Zugabemenge der einen oder anderen Farbe entstehen natürlich vollkommene andere Farbnuancen, die beispielsweise beim Mischen von kirschrot, grün und gold von einem Hellbraun bis hin zum Oliv reichen können.

Eigenschaften der Kaltglasur

Teile aus Keramin, die mit Kaltglasur beschichtet wurden, sind beständig gegen Säuren, Chemikalien und Laugen – also auch spülmaschinenfest.

Aschenbecher aus Keramin, die mit Kaltglasur beschichtet wurden, sind weitgehend beständig gegen Wärme, also der Glut einer Zigarette usw. Allerdings muß die Glasur mindestens 72 Stunden aushärten – erst dann darf der Aschenbecher gebraucht werden.

Metallisieren von Reliefs

Eigentlich die einzige einfache, aber dennoch perfekte Methode, um wirklich Reliefs und Formteile mit einem täuschend echten Metallüberzug zu versehen, wird durch die Möglichkeit des Metallisierens mit Metalloid-Glasur geboten.

Metalloid-Glasur ist ein 2-Komponentenmaterial mit dem Gegenstände, z.B. Reliefs, Ziergitter, Griffe, Lampenfüße, Tischplatten, Vasen, Krüge, Schalen und zahlreiche andere praktische Gebrauchsgegenstände aus Holz, Leder, Metall, Polyesterharz, Modelliermasse, Keramin, Wachs, Stein, Gips, Beton und vielen anderen Materialien ein typisches, metallisches Aussehen erhalten. Sie können dabei oftmals nur sehr schwer im Aussehen von Teilen aus Zinn, Kupfer, Bronze oder Eisen unterschieden werden.

Die Verarbeitung der Metalloid-Glasur ist sehr einfach. Neben dem Grundmaterial, also Metalloid-Harz, daß es in den Farbtönen kupfer, bronze, zinn und gußeisen gibt, wird nur noch der Härter, der speziell auf dieses Material abgestimmte Universal-Lack-Verdünner, Metalloid-Patina und Patina-Abbeizer benötigt.

Mischen von Harz und Härter

Metalloid-Harz muß vor dem Vermischen mit Metalloid-Härter intensiv verrührt werden. Dabei ist darauf zu achten, daß sich das Metallpulverpigment gleichmäßig in dem Harz verteilt.

Metalloid-Harz wird mit Metalloid-Härter in folgendem Verhältnis gemischt: **volumenmäßig:** 3 Teile Harz und 2 Teile Härter.

Um das Mischen so einfach wie möglich zu machen, gibt es für das Mischen spezielle Mischbecher. Beispiel: Der Meßbecher mit der Aufschrift »Harz« wird bis zum Teilstrich »2« mit Metalloid-Harz gefüllt. In den etwas kleineren Meßbecher mit der Aufschrift »Härter« füllt man ebenfalls bis zum Teilstrich »2« Metalloid-Härter. Danach werden Harz und Härter zusammen in einen großen Mischbecher gegeben und mit einem Pinsel oder Rührholz gut durchgerührt.

Das intensive Mischen der beiden Komponenten ist sehr wichtig. Danach ist die Metalloid-Glasur fertig.

Man kann das Material aber auch **gewichtsmäßig** dosieren. Dabei muß ein Mischungsverhältnis von 2 Teilen Harz und 1 Teil Härter berücksichtigt werden. Beispiel: 10g Harz und 5g Härter zusammenmischen.

Beim Beschichten von Reliefs oder Gegenständen mit einer bildhaft ausgeprägten Struktur sollte die Glasur ganz dünnflüssig verarbeitet werden. Das verhindert ein Verschließen von evtl. sehr feinen Bildkonturen. Gleichzeitig wird dadurch auch die Wirkung des Metalleffektes noch perfekter.

Grundsätzlich kann man zu der fertigen Metalloid-Glasur noch bis zu 10% Universal-Lack-Verdünner zugeben, wodurch die Glasur noch ergiebiger wird! Der Verdünner kann und sollte auch während der Verarbeitung zwischendurch immer wieder zur Glasur zugemischt werden, damit diese wirklich nur ganz dünn auf die zu beschichtenden Teile aufgetragen wird.

Wenn die Glasur längere Zeit offen im Mischbecher steht, verdunstet das darin enthaltene Lösungsmittel geringfügig. Dadurch wird die Glasur dickflüssiger. Durch Zugabe des Verdünners wird das Material deshalb wieder dünnflüssig und kann dann auch viel länger und ausgiebig verarbeitet werden.

Farbiges Mischen der Glasur

Metalloid-Harz gibt es in vier verschiedenen Metallfarbtönen, die selbstverständlich auch untereinander vermischt werden können. Dabei mischt man entweder vor der Zugabe des Härters die verschiedenfarbigen Harze oder die bereits vermischten Glasuren zusammen. Auch eine Zugabe von Bronzepulver ist möglich. Das Bronzepulver gibt es in den Bastelgeschäften in den Farbtönen: silber, bronze, gold, dukatengold, kupfer und kupferrot. Dadurch besteht die Möglichkeit, jeden gewünschten Metallfarbton selbst noch zu mischen bzw. zu variieren.

Auftragen der Glasur

Metalloid-Glasur wird mit einem weichen Pinsel ganz dünn auf den Gegenstand aufgetragen und trocknet dann innerhalb von ca. 30 Minuten griff- und abriebfest auf.

Patinieren

Die mit Metalloid-Glasur beschichteten Teile bekommen erst durch das Patinieren ihr perfektes metallisches Aussehen.

Dazu überstreicht man die mit der Glasur beschichteten Gegenstände ganz dünn mit Metalloid-Patina. Die Patina benötigt eine Trockenzeit von ca. 10 – 15 Minuten.

Danach folgt der Schlußfinish. Dazu kann man für ganz harte Teile, z.B. Metall, Polyesterharz etc., zum Abschleifen der Patina die ganz feine Stahlwolle Type 000 verwenden. Grundsätzlich eignet sich jedoch für das Nacharbeiten am besten Patina-Abbeizer. Dieses speziell für die Relief-Metalltechnik entwickelte Produkt wird mit einem weichen Tuch (Wollappen) ganz dünn auf das patinierte Teil aufgetragen. In kreisförmigen Bewegungen reibt man die Patina teilweise wieder von den hervorstehenden, erhabenen Teilen des Gegenstandes ab. Gleichzeitig wird die Patina aber auch etwas in die Metalloidglasur eingerieben (eingearbeitet), so daß diese dunkler wird und ein perfektes altes Aussehen erhält.

Grünspaneffekt

Teile mit kupfer- oder bronzefarbigem Aussehen wirken noch wertvoller, wenn sie mit Metalloid-Patina »Grünspaneffekt« nachbehandelt werden. Dabei bieten sich drei Patiniertechniken an:

a) das Teil wird zunächst, mit schwarzer oder brauner Metalloid-Patina patiniert und mit Patina-Abbeizer nachbehandelt.

Anschließend erfolgt ein nochmaliges Auftragen mit Metalloid-Patina „Grünspaneffekt" wobei je nach gewünschter Wirkung das gesamte Relief oder nur bestimmte Teile damit überstrichen werden.

Danach folgt wieder das Nachbearbeiten mit Patina-Abbeizer. Dabei wird die Patina hauptsächlich von den erhabenen Stellen des Teiles wieder abgerieben, so daß sie in den Vertiefungen zurückbleibt.

b) das Teil wird sofort mit Metalloid-Patina „Grünspaneffekt" überstrichen und mit Patina-Abbeizer nachbehandelt.

Diese Art der Patinierung ist besonders für großflächige und große, bildhafte Teile sehr gut geeignet. Aber auch für Krüge, Vasen, Kannen, also Teile, die besonders alt und antik aussehen sollen, wird diese Art der Patinierung gern angewendet.

c) als dritte Variante kann man die grüne und braune Patina vermischen, so daß eine dunkle, schwach deckende – bis sehr dunkle, stark grüne Patina zur Verfügung steht.

Die Metalloid-Patina kann selbstverständlich auch zum Patinieren von echten Metallteilen (Kupfer- und Bronzekrügen etc.) verwendet werden.

Lackieren der Reliefs

Nicht nur bemalte Reliefs, auch gebeizte oder mit verschieden anderen Spezialfarben und besonderen Zusätzen, wie beispielsweise Metallic-Paste oder Konturencreme überzogene Reliefs sollte man immer durch einen Lacküberzug, z.B. mit farblosem Universal-Bastellack-Spray schützen.

Engel und Puttenköpfe aus Großmutters Zeiten

Einen Zimmerschmuck ganz besonderer Art stellen diese zauberhaften Engel dar. Dazu werden die fertig gegossenen Engel zunächst mit der farblosen Keramin-Malgrundierung versiegelt und danach einfach mit Glasmalcolor bemalt, mit Konturencreme nachpoliert und anschließend mit ganz feiner Stahlwolle vorsichtig abgerieben, bis die Glasmalfarbe an einigen Stellen der Anhänger wieder entfernt worden ist. Danach werden die Engel nur noch mit einem weichen Wollappen nachpoliert. Fertig sind diese zauberhaften Erinnerungsstücke aus der guten alten Zeit, die durch das Abschleifen mit der Stahlwolle außerdem so richtig alt und schon so leicht abgestoßen wirken.

Farbiges Gestalten der Reliefs

Ein buntes Bild – besonders ein plastisches Relief wirkt besonders reizvoll – aber eines ist sicher: das Bemalen stellt oft erhebliche Anforderungen an den Künstler, denn die richtige Zuordnung der verschiedenen Farben ist nicht immer so ganz einfach.

Beim Bemalen von Reliefs ergibt sich eigentlich eine sehr gute Möglichkeit, die in Form des »Malens nach Zahlen« ähnlich verlaufen kann. Dabei sollte man ein Relief zunächst einfach nur mit einer Farbe hell vorgrundieren, z.B. hellgelb und anschließend dann die wichtigsten Bildbestandteile farbig übermalen. So entsteht dann nach und nach ein farbiger Gesamteindruck von dem Relief, bei dem die Ergänzung von Einzelheiten und feinen Besonderheiten nachträglich berücksichtigt werden müssen. Eine Möglichkeit also, um auf diese Art recht einfach und schnell einen Weg herauszufinden, um im Endeffekt doch recht schöne Reliefbilder farbig gestalten zu können.

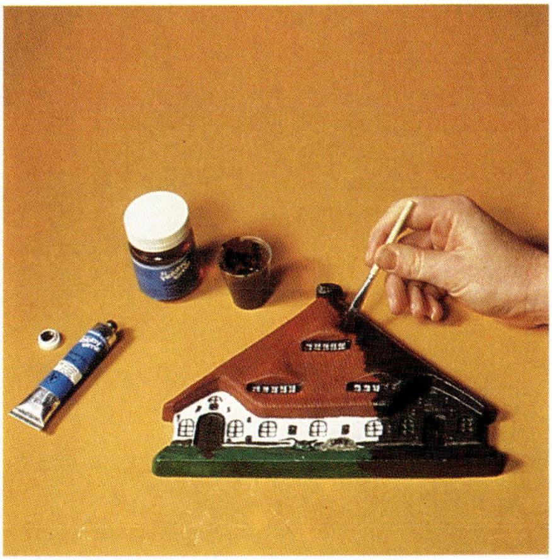

Malen mit Hobbycolor

Für das Bemalen ist die Farbe »Hobbycolor« besonders gut geeignet, die beispielsweise mit Wasser verdünnt werden kann, um helle Farbtöne zu erzielen. Die Farben sind dann aber nach dem Auftrocknen nicht mehr wasserlöslich – lassen sich also auch sehr gut übermalen.

Zum Schluß kommt dann noch die besondere Technik des Patinierens. Dazu verwendet man Patinier-Fixativ, zu dem je nach gewünschtem Dunkelgrad der Patina etwas Farbpaste, also Universal-Patina zugemischt wird. Mit dieser Patinierflüssigkeit wird das Relief dünn überstrichen. Die Patina muß dann ein bis zwei Stunden antrocknen und wird danach vorsichtig von den erhabenen Stellen des Reliefs mit einem weichen Tuch wieder abgerieben, so daß sie hauptsächlich an den Rändern und in den Vertiefungen zurückbleibt.

Dadurch bekommt das Relief dann gleich ein etwas altes und sehr kostbares Aussehen.

Auch hier gibt es einige Raffinessen. So kann man nach dem Bemalen das Relief auch erst mit dem farblos-matten Universal-Bastellack-Spray übersprühen. Dadurch wird der Farbauftrag versiegelt. Anschließend trägt man die Patina wie bereits beschrieben auf, läßt sie etwas antrocknen und reibt sie dann wie gewohnt wieder ab. Die Patina wird dabei nicht ganz so intensiv wirken, weil sie durch den zuvor aufgetragenen Lackauftrag nicht ganz so stark in das Keramikteil eindringen kann – wirkt dadurch also recht zart.

Die vier Jahreszeiten

Auch mal eine nette Reliefidee!
Die Bilder zeigen das Leben und Treiben der Kinder, das sich unter einem großen Apfelbaum abspielt. Die Ausgelassenheit und Freude, wird durch das Tanzen der Mädchen und das Musizieren des Jungen dargestellt. Bunte Blumen – ein zartes Grün, die aus dem Süden zurückkehrenden Vögel unterstreichen die Lebensfreude.

Der Sommer – dazu gehört ein goldgelbes Getreidefeld und natürlich wieder das Spiel der Kinder.

Inzwischen sind die Äpfel reif geworden – welch eine Pracht – wir dürfen ernten – bietet nicht auch der Herbst seinen besonderen Reiz?

Schneebedeckt ist das weite Feld – selbst auf den Baumästen hat sich der Rauhreif festgesetzt und die Kinder haben noch einen netten Spielgefährten dazu bekommen. Der Schneemann, mit seiner roten Möhrennase, den Kohleaugen – und was könnte sonst sein – natürlich hält er seinen Besen in der Hand.

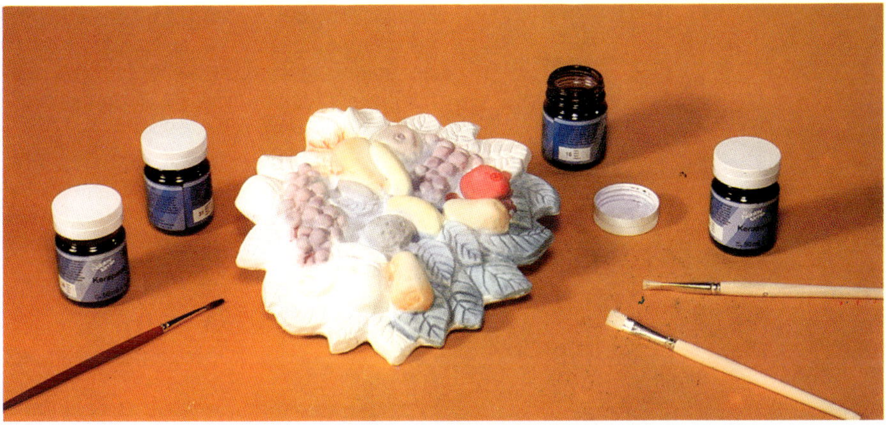

Raffinierte Effekte mit Kerapaint

Damit auch alle diejenigen bunte, sehr dekorativ gestaltete Reliefs herstellen können, die bisher glaubten, sie hätten dazu kein Talent, wurde diese Spezialfarbe entwickelt. Dabei ermöglicht die Farbe Kerapaint so fantastische Farbeffekte, daß selbst große Künstler staunen, wenn sie die Keraminteile betrachten, die mit dieser Farbe bemalt wurden.

Das Geheimnis liegt aber woanders. Die Reliefs dürfen deshalb nur aus dem extra harten Keramin-S hergestellt werden. Denn nur bei diesem Material kann Kerapaint angewendet werden, weil die Farbe auf dem ausgehärteten Relief stehenbleibt, also nicht wie beim normalen Keramin in die Gießmasse einzieht.

. . . und so wird's gemacht: zum Bemalen sollte man nicht mehr als drei, höchstens vier verschiedene Farben verwenden. Dabei braucht die Farbe auch gar nicht so sorgfältig aufgetragen werden, da die evtl. über den Rand der Reliefstruktur abgelaufene Farbe durch das anschließende Patinieren wieder verdeckt wird.

Nachdem das Relief dann vollständig bemalt wurde, wobei auch als Besonderheit sehr fantasievolle Farbkombinationen nicht nur möglich, sondern zu empfehlen sind, wird es mit einer Patinierflüssigkeit, die aus Patinier-Fixativ und Universal-Patina selbst gemischt wird, überstrichen. Die Patina muß dabei sehr intensiv (dunkel) eingefärbt werden.

Danach folgt dann die eigentliche kreative Arbeit, das Abschleifen des Reliefs mit feiner Stahlwolle (Typ 000). Wichtig: die Stahlwolle wird von links nach rechts über das Relief hinweggezogen. Dabei wird gleichzeitig überschüssige Patina von dem Relief mit abgenommen – andererseits aber auch die Oberfläche des Reliefs etwas abgeschliffen.

Und darauf kommt es bei dieser Technik besonders an: die Reliefteile bekommen eine unterschiedliche Farbschraffierung, die bei der gleichen Farbgebung von einem dunklen Vollton bis hin zu einer hellgelblichen Nuance reichen. Diesen Effekt kann man nicht malen – er entsteht nur durch diese Technik und bietet überraschende Effekte, die die faszinierende Ausdruckskraft dieser Reliefs erst hervorzaubern.

Nach dem Trocknen der Patina werden Schleifreste der Stahlwolle mit einem weichen Pinsel vorsichtig entfernt. Anschließend folgt dann ein matter, seidenmatter oder glänzender Lackauftrag mit Universal-Bastellack-Spray. Ein kleines Kunstwerk ist vollendet.

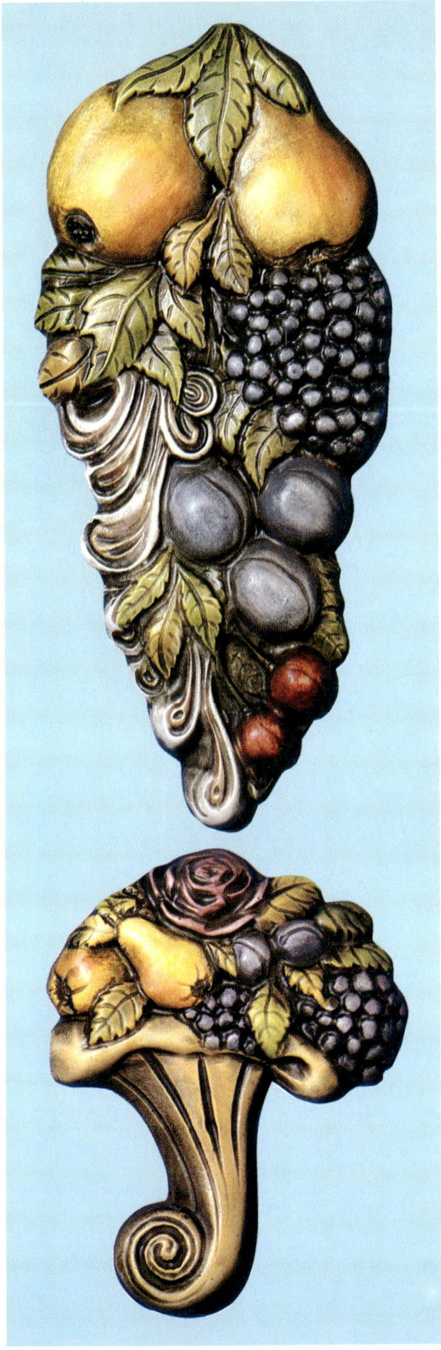

Patina-Technik

Es besteht auch die Möglichkeit, die Reliefs gar nicht farbig zu bemalen, sondern sie sogleich mit der Patina einzustreichen und danach sofort mit Stahlwolle zu bearbeiten. Auch diese Technik, die Bildteile hervorbringt, die an gebrannte Keramik erinnern, ist recht einfach und erfordert überhaupt kein Können und Geschick. Vielmehr liegt auch hier die Kunst in der Art des Abschleifens des Reliefs. Dabei kann man dann auch hinterher noch bestimmte Bildteile ganz bewußt ein zweites mal mit der Patina überstreichen, so daß ein wirkungsvoller Dunkel-Hell-Effekt entsteht, der das eigentliche Relief dann noch stärker zur Geltung bringt.

Das aus Keramin-S gegossene Relief wird mit Patina – bestehend aus Patinier-Fixativ und Universal-Patina dunkelbraun – eingestrichen und danach – noch im nassen Zustand sofort mit feiner Stahlwolle abgerieben. Um die Kontrastwirkung noch zu erhöhen, kann nach dem Trocknen der Patina und dem Abbürsten der Stahlwollreste die Grundplatte nochmals nachpatiniert werden. Zum Schluß wird das Relief mit Universal-Bastellack-Spray versiegelt.

Die praktische Seite der Reliefgießkunst stellt sich mit diesem einmalig, künstlerisch gestalteten Spiegelrahmen vor. Der Blütenspiegel wurde aus Keramin-S gegossen und danach mit Hobbybeize nußbaum sorgfältig grundiert. Danach folgte das Bemalen mit den seidenmatten Hobbycolorfarben. Das ist ansich das ganze Geheimnis für die Herstellung dieses außergewöhnlich schönen Spiegels.
Auch wenn es auf den ersten Blick so scheinen mag, als wäre die Herstellung dieses Spiegels recht schwierig – der Schein trügt. Man braucht nur viel Ausdauer, um Blüte für Blüte liebevoll zu bemalen.
Und damit der Spiegelrahmen dann hinterher auch noch wertvoller aussieht, wird er mit der selbstgemischten Patina sorgfältig überlasiert. Die Patina braucht ungefähr 2 Stunden um voll in die Farbe einzuziehen. Danach word der Rahmen mit einem weichen Wolltuch sorgfältig abgerieben. Dabei verbleibt die Patina in den Vertiefungen der Blüten und es entsteht eine noch plastischere und zugleich recht kostbare antike Wirkung.
Am besten versiegelt man den Rahmen zum Schluß auch wieder mit dem farblosen Universal-Bastellack-Spray – die Farben und die Patina sind dann vor Staubeinflüssen weitgehend geschützt.
Für den Rahmen gibt es einen paßgenau zugeschnittenen Spiegel, der genau in den Rahmen paßt. Der Spiegel wir mit dem doppelseitig selbstklebenden Spiegelband in den Rahmen eingeklebt.
Beim Bemalen braucht man sich natürlich nicht an die hier vorgegebene Farbkombination zu halten. Recht reizvoll wirkt auch ein Rahmen, der mit einem Ton in Ton bemalten hell- bis dunkelbraunen Blütenband umgeben ist und in den zusätzlich kein silberfarbiger Spiegel, sondern ein kupferfarbiger Spiegel eingeklebt wurde. Diese besonderen Spiegelgläser werden durch die Tiffany-Technik mehr und mehr in den Bastelgeschäften mit angeboten.
Natürlich gibt es noch eine Reihe anderer – kleiner ovaler, viereckig oder rund geformter Spiegel- oder Bilderrahmen, die ebenfalls ganz individuell farblich gestaltet werden kann.

Modeln mit Toneffekt

Kleine Kunstwerke lassen sich herstellen, wenn man den Keraminbrei mit dem ziegelroten Keraminfärber so einfärbt, daß kleine ziegelrote Tonmodeln entstehen. Und damit diese netten Dekorationsanhänger auch anschließend als Christbaumschmuck oder Zieraufhänger verwendet werden können, sollte man in den Keraminbrei gleich die entsprechenden Aufhängerkordeln mit einlegen.

Nach dem Aushärten der Modeln und dem Entgraten der Ränder werden die Teile mit der transparenten Malgrundierung versiegelt. Das ist sehr wichtig, zumal die Modeln danach mit Hobby-Lasur sorgfältig überlasiert werden. Die Lasur ist in den Farbtönen weiß, gelb, hellrot, weinrot, blau, umbragrün, goldbraun, mahagoni und farblos in den Bastelgeschäften erhältlich. Besonders gut wirkt beispielsweise ein weißer Lasurauftrag. Die Teile sehen dann aus, als wäre eine weißer Zuckerguß darüber gegossen worden. Da die Lasur in den Vertiefungen der Modeln zusammenläuft und dadurch auch farbintensiver wirkt, kommen die erhabenen Formteile noch stärker zur Wirkung, was diesen Anhängern ein fantastisches Aussehen gibt.

Die verschiedenen Farben der Lasur bieten so vielfältige Möglichkeiten um Farben zu kombinieren, daß es selbstverständlich nicht immer eine rot eingefärbte Keraminmodel sein muß, vielmehr bietet sich mit dieser Lasur die großartige Möglichkeit an, modisch schicke Anhänger zu gießen, die dann durch diesen Farbauftrag ein hellblaues oder auberginfarbiges, porzellanartiges Aussehen erhalten. Sicher auch eine Anregung, die man gut mit einer farblich dazu passenden Kerze zusammen dekorieren kann.

. . . und damit die Anhänger dann auch gut in den Baumzweigen aufgehängt werden können, werden in den Bastelgeschäften die kleinen s-förmig gebogenen Wachsmodelaufhänger angeboten, in die man die Aufhängerkordel der Anhänger sehr gut einhängen kann.

Kreatives Gestalten mit Keramin

Mehr und mehr wird das Keramin-Gießpulver für die Herstellung von individuell gestalteten Gebrauchs- und Dekorationsgegenständen mit verwendet.

Dabei ist es dann hier und da auch erforderlich, verschiedene Keraminteile miteinander zu verkleben, was am einfachsten mit einem Mörtelkleber, z.B. Keramin-Coll geschieht.

Keramin-Coll wird wie Keramin mit Wasser zu einer breiigen Paste vermischt. Die zu verklebenden Keraminteile werden damit bestrichen und verkleben dann innerhalb von 2–3 Stunden fest und unlösbar miteinander.

Ob man nun einer speziellen Form kleine Ziegelsteine gießt und damit den Entwurf seines eigenen Hauses praktisch als Miniaturmodell verwirklicht – oder ob man diese kleinen Steinchen für ein schmuckes Blumengefäß zusammenklebt – mit dem Klebemörtel Keramin-Coll wird der Anwendungsbereich für die Gießmasse Keramin viel universeller. So können auch kleine Zierdekore in die filigranen Fensterbilder einfach eingeklebt werden – ein fantastischer Fensterschmuck entsteht. Keramn-Coll ist eben die Basis für die Gestaltung und Herstellung neuer pfiffiger Bastelideen.

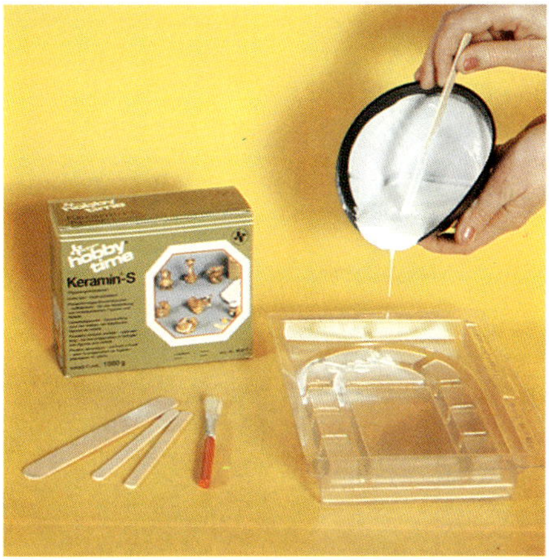

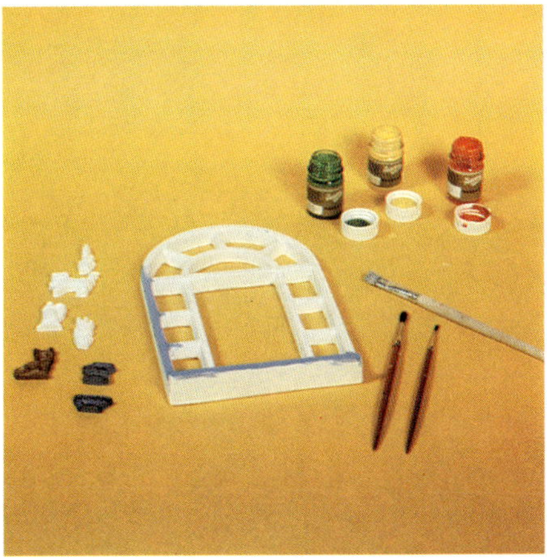

Fensterrahmen gießen
Schwierig ist bei dieser Basteltechnik nur das Entformen der fertigen Rahmen aus der Form. Deshalb werden die Rahmen vorher an den Ecken aufgeschnitten – der Rahmen läßt sich dann leicht aus der Form herauslösen. Vor dem Eingießen von Keramin-S in die Form werden die Ecken mit Tesakrepp verklebt.

Kleben und Mörteln mit Keramin-Coll

Für die Herstellung der kleinen Bausteine wird das Keramin mit dem Keraminfärber ziegelrot vermischt. Selbstverständlich können die Teile aber auch schwarz oder gelblich grün eingefärbt werden.

Dann wird der Keraminbrei gleichmäßig in die kleinen Förmchen gefüllt. Dabei muß man darauf achten, daß alle Formen gleichmäßig hoch aufgefüllt werden, um gleichdicke Bausteine herzustellen.

Danach folgt bereits das Zusammenbauen mit den Steinen. Dafür sollte man als Unterlage am besten eine Glasplatte verwenden und darunter die Zeichnung mit dem Grundriß legen. Jedes Steinchen wird vor dem Vermauern entgratet und danach Keramin-Coll aufgestrichen. Dadurch ist es dann möglich, innerhalb recht kurzer Zeit den gewünschten Gegenstand zusammenzubauen.

Keramin-Coll härtet innerhalb von 2–3 Stunden fest aus. Danach sind die Steinchen alle fest miteinander verbunden.

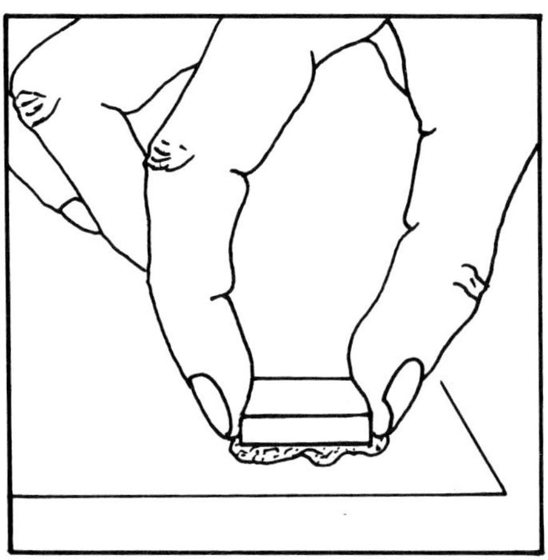

Durch das Mörteln wird hier und da etwas Keramin-Coll über die Steine gestrichen. Diese Mörtelreste werden nach dem Aushärten einfach mit grobem Schleifpapier (Körnung 80) wieder abgeschliffen. Danach ist der Blumenbehälter oder das selbstgebaute Häuschen fertig.

Allerdings sollte man bei Blumenschalen noch ein Verspiegeln der Steine vornehmen. Schließlich werden die Gefäße ja bepflanzt – so daß ein 2–

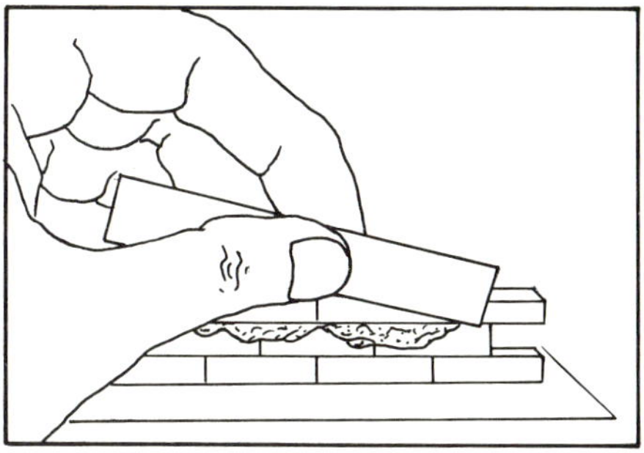

3maliges Ausstreichen der Schale mit farblosem Bastellack immer zu empfehlen ist.

Mit diesen kleinen Steinen können zahlreiche Bastelarbeiten sehr kreativ ausgeführt werden, z.B. das Bauen von Häuschen für die Eisenbahnmodellanlage, Viadukte, Kirchen. Aber auch ein dekorativer Krippenstall ist mit diesen Steinchen machbar. Nur einige Beispiele, einige Ideen, die als Anregung für weitere Bastelarbeiten dienen können.

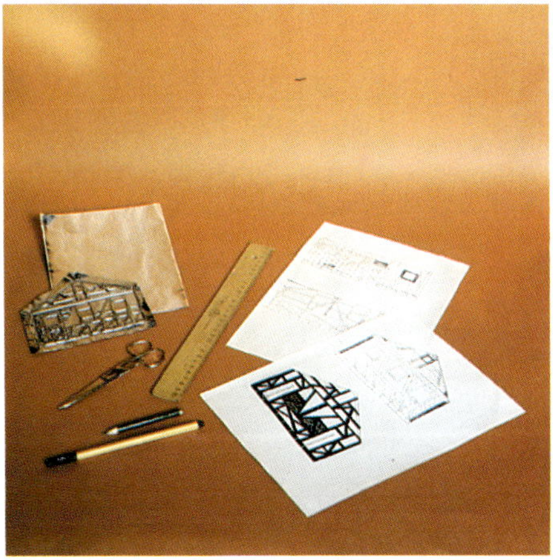

Warum nicht unter die Häuschenbauer gehen?

Noch eine nette Idee für den Bau eines kleinen Häuschen, das beispielsweise auch als Spardose gute Verwendung finden könnte.

Da alles selbst entworfen und gestaltet werden soll, soll mit dieser Idee einmal gezeigt werden, wie vielfältig die Verwendung von Keramin eigentlich ist.

Materialbedarf

Aluminium-, Kupfer- oder eine Zinnfolie, 1 weiche Unterlage (fester Malkarton etc.), Prägewerkzeuge (Löffel, Kugelschreiber, Büroklammer).

Das gewünschte Modell wird so aufgezeichnet, daß jede Seitenwand extra ein Teil auf der Zeichnung bildet. Kleine Feinheiten – also Fenster und Türen, Querbalken etc. werden gleich mit berücksichtigt.

Um die einzelnen Hauswände werden dann ca. 10mm breite Randstreifen gezeichnet – die später den Rand der Gießform ergeben. Danach legt man die Folie bereit und bedeckt sie mit der Zeichnung, die am besten mit einem Klebestreifen darauf festgeklebt wird.

Aufzeichnen der Umrisse

Mit dem Kugelschreiber werden die Hausumrisse sorgfältig auf der Zeichnung nachgezogen. Dabei drückt man mit dem Kugelschreiber etwas stärker auf, so daß sich die Konturen der Zeichnung auf der Folie gleich gut mitabdrücken.

Danach entfernt man die Zeichnung und vertieft die Konturen in der Folie. Dabei darf man nicht zu sehr aufdrük-ken, sonst entsteht ein Loch oder ein Riß in der Folie. Deshalb sollten sehr ausgeprägte Konturen durch mehrmaliges Hin- und Herfahren mit dem Kugelschreiber auf der Folie langsam aber sicher ausgeprägt werden. Nach dem Anlegen der äußeren Konturen werden auch die Feinheiten – also Fenster und Türen sorgfältig ausgearbeitet.

Wenn alles fertig ist, wird die Form für das Ausgießen mit Keramin vorbereitet. Dazu biegt man die äußeren Randstreifen, die das gesamte Teil umgeben, seitlich hoch, so daß eine kleine Formschachtel entsteht. Die Ecken werden sorgfältig eingeknickt oder eingeschnitten und dann mit einem Klebestreifen verklebt.

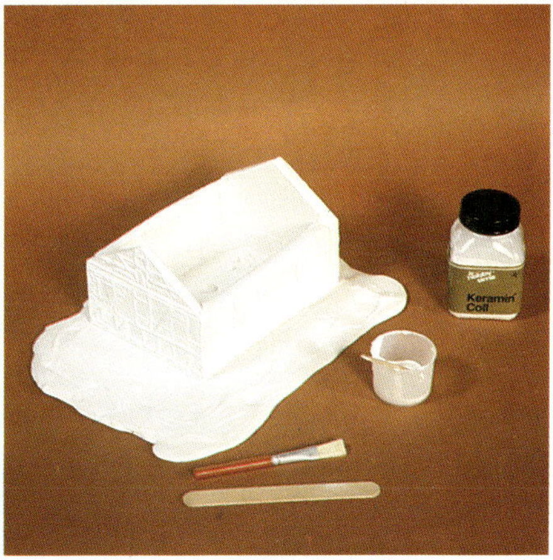

Um einen gleichmäßigen Rand zu erhalten, sollte man um die Form von außen kleine Holzleisten legen, so daß der Rand dadurch stabilisiert wird.

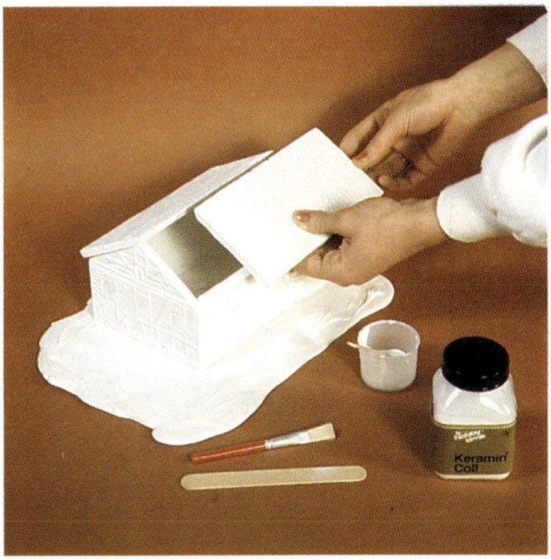

Danach folgt das Einfüllen des Keraminbreis, wobei auch hier zunächst nur eine kleine Menge Keramin eingefüllt wird, um die Form dann ganz vorsichtig mit einem Pinsel zu durchfahren, damit vorhandene Luftblasen beseitigt werden. Erst danach wird die Form vollständig mit Keramin ausgefüllt.

Ca. 30 Minuten später ist die erste selbsthergestellte Hauswand fertig. Nachdem so alle Teile des Hauses hergestellt wurden, werden evtl. Unebenheiten der Seitenränder mit Schleifpapier noch leicht nachgeschliffen. Dann folgt das Zusammenbauen des Hauses. Am besten bestreicht man die Verbindungsstellen der Seitenränder und der Grundplatte mit dem inzwischen angerührten Klebemörtel Keramin-Coll und stellt die Seitenteile danach dann senkrecht um die Grundplatte des Hauses herum auf.

In das so entstandene Gefäß wird außerdem ein entsprechend stabiler Gegenstand gestellt, der als Abstützung der Hauselemente während des Verklebens gute Dienste leistet. Da mit die Seitenteile nicht verrutschen, werden sie von außen mit einem stabilen Gummiband fest zusammengehalten. Nachdem Zusammenkleben der unteren Haushälfte wird auch das Dach entsprechend hergestellt, aufgesetzt und mit Keramin-Coll verklebt.

Zum Schluß werden kleine Unebenheiten mit Schleifpapier vorsichtig abgeschliffen. Außerdem kann man das Haus zusätzlich noch mit kleinen Verzierungen versehen, z.B. durch das Aufsetzen von einem Schornstein, einem Balkon, einer Treppe oder einem Zaun. Beliebt ist eben was gefällt.

Eine Bastelidee, die sicher viel Spaß und Freude bereitet, die sich auch als Gruppenarbeit sehr gut verwirklichen läßt. Warum soll nicht so ein ganzes Dorf entstehen, mit vielen verschiedenen Häusern, einer Schule, einem Rathaus, einer Kirche . . .

Gießharz-Reliefs mit Metalleffekt

Bei der Herstellung von Reliefs mit der Gießharz-Metall-Relieftechnik arbeitet man immer in zwei Schichten. Zunächst wird die feine Schicht (Feinschicht) in die Form gefüllt. Nach dem Aushärten dieser Schicht wird die Form dann mit der sogenannten „Hintergußmasse" ausgefüllt.

Feinschicht

Dazu gibt man zunächst die benötigte Menge Poly-Bernsteinharz B in einen Meßbecher und vermischt das Harz mit ca. 2% Härter B. Die Härterdosierung kann entweder durch Wiegen oder Messen erfolgen: 2% Härter von 100g Harz = 2g.

Achtung: Vor dem Gebrauch des Tubenhärters muß der Härter in der Tube gut durchgeknetet werden. Erst danach die Tube öffnen und den Härter herausdrücken.

Der Härter wird mit dem Harz intensiv vermischt. Die benötigte Menge Relief-Metallpulver wir jetzt zu dieser Mischung hinzu gegeben und alles zu einem dickflüssigen Brei verrührt.

Materialbedarf:

Poly-Bernsteinharz B + Härter B
Relief- Metallpulver (Zinn, Bronze, Kupfer)
Relief-Füllstoff, Harz-Reiniger
Metalloid-Patina
Patina-Abbeizer
Stahlwolle, Mischbecher
Holzspatel

Für die Zugabe des Relief-Metallpulvers rechnet man mit folgendem Mischungsverhältnis:

Poly-Bernsteinharz B	+ Relief-Metallpulver
70g	+ 100g Zinn
70g	+ 200g Kupfer
70g	+ 200g Bronze
70g	+ 200g Gußeisen

Die Harz-Metallpulver-Legierung, die man auch als „Feinschicht" bezeichnet, wird in die Form gefüllt und gleichmäßig mit einem weichen Pinsel darin verteilt. Dabei muß man darauf achten, daß alle Flächen mit der dünnen Schicht der Feinschicht bedeckt werden. Danach wird der Pinsel sofort mit Harz-Reiniger ausgewaschen, da das Gießharzgemisch (Feinschicht) bereits nach ca. 8–10 Minuten auszuhärten beginnt – danach wäre der Pinsel sonst unbrauchbar.

Das ist gleichzeitig der Zeitpunkt, um die Form mit der sogenannten »Hintergußmasse« auszufüllen.

Hintergußmasse

Vorteilhaft ist bei diesem Verfahren, daß das Material für die Feinschicht und Hintergußmasse immer aus dem gleichen Grundharz hergestellt wird. Man vermischt auch hier wieder das Poly-Bernsteinharz B mit 2% Härterpaste B. Anschließend wird ungefähr die 1½ fache Menge an Relief-Füllstoff zum Harz-Härter-Gemisch zugegeben und beide Materialien zu einem dicken Brei verrührt. Da der Relief-Füllstoff wesentlich preiswerter als das Harz ist, bedeutet eine Mehrzugabe von Füllstoff in jedem Fall eine Verbilligung der Reliefherstellung.

Bevor die Hintergußmasse in die Form gefüllt wird, sollte man erst die „Fingerprobe" machen. Dazu faßt man mit dem Zeigefinger auf die in der Form befindliche Feinschicht. Bleibt hier ein klar erkennbarer Fingerabdruck zurück, ohne daß das Material am Finger haften bleibt, so gilt das als Zeichen dafür, daß jetzt die Hintergußmasse in die Form eingefüllt werden kann. Bleibt dagegen noch die flüssige Feinschicht an der Fingerkuppe haften, dann muß man mit dem Einfüllen der Hintergußmasse noch einige Minuten warten.

Wartet man mit dem Einfüllen der Hintergußmasse dagegen zu lange, so verbinden sich die beiden Materialien nur noch teilweise miteinander. Das kann zur Folge haben, daß beim späteren Entformen des Reliefs ein Teil der Feinschicht in der Form hängen bleibt, das Relief an diesen Stellen beschädigt wird. Deshalb ist das genaue Abpassen des richtigen Zeitpunktes zum Einfüllen der Hintergußmasse sehr wichtig.

Die Hintergußmasse wird gleichmäßig in die Form eingefüllt. Am besten nimmt man die Form hoch und setzt sie mehrmals kräftig auf die Tischplatte auf. Dabei verteilt sich das Material gleichmäßig in der Form und bildet eine glatte, ebene Oberfläche. Außerdem entweichen die evtl. durch das Mischen mit eingerührten Luftblasen.

Die ideale Raumtemperatur, also Verarbeitungstemperatur bei der Reliefherstellung liegt bei 18°C. Beim Aushärten erwärmt sich das Polyesterharz. Je nach Menge der Härterzugabe und Raumtemperatur kann es dabei zu Temperaturspitzen bis zu 110°C kommen.

Wärme und eine erhöhte Menge von Härter beschleunigen dabei die Aushärtung. Kälte bzw. eine verminderte Härterzugabe verzögern den Aushärtevorgang.

Deshalb sollte man die Aushärtung sehr kritisch überwachen. Noch besser ist es, wenn die Form mit dem Relief kurze Zeit nach dem Gelieren, also Festwerden der Hintergußmasse – abgekühlt wird. Das Polyesterharz entwickelt nämlich bei der Verkettung (Vernetzung der Moleküle) sehr viel Wärme, die erst dann richtig zur Wirkung kommt, wenn das Material bereits ausgehärtet ist.

Diese Wärmeentwicklung kann sogar dazu führen, daß das Relief an sehr dickwandigen Stellen noch heißer

Ofenplatte Meeresgöttin

wird. Es kommt zu Spannungen, was unter Umständen ein Zerreißen (Rißbildung) des Reliefs bewirkt.

Die Reliefformen halten Temperaturspitzen bis zu 90°C aus. Manchmal, nämlich dann, wenn die Relief-Gießmasse evt. mit zuviel Härter vermischt wurde, kann es passieren, daß das Material in der Form zu heiß wird. Die Folge davon: die Form wird von der heißen Gießmasse angelöst – beide Kunststoffmaterialien verschmelzen (verkleben) miteinander. In solchen Fällen ist es dann sehr schwer, die Form später von dem ausgehärteten, kalten Relief abzuziehen. Auf jeden Fall wird dabei dann immer die Form beschädigt oder sogar total zerstört.

Mit einem kleinen Trick und wenig Aufwand lassen sich alle diese Gefahren leicht vermeiden. Die Form wird mit dem bereits erhärteten Reliefmaterial, das immer heißer wird, in ein Gefäß (Eimer, Waschbecken etc.) mit kaltem Wasser gelegt.

Die in dem Material entstehende Wärme wird dabei durch das kalte Wasser abgeleitet. Vermieden wird außerdem auch ein Verkrümmen des Formteils. Da die Form und das Reliefgießmaterial sich im Wasser ungleichmäßig schnell wieder abkühlen, löst sich bei diesem Vorgang auch schon das fertig ausgehärtete Relief teilweise von der Form ab.

Entformen des Reliefs

Das Relief wird aus dem Wasserbad herausgenommen und dann vorsichtig aus der Form gelöst. Dazu zieht man zunächst die Ecken und Seitenkanten von dem Relief etwas ab. Danach wird die Form umgedreht, so daß das Relief mit der Rückseite auf einer geraden Unterlage liegt und nimmt durch vorsichtiges Abheben die Form von dem Relief ganz ab. Bei stark ausgeprägten Formteilen muß man das von verschiedenen Seiten aus machen, damit die Form nicht umgeknickt oder gar Teile des Bildes abgebrochen werden.

Zu diesem Verfahren gehört etwas Geduld und Fingerspitzengefühl. Geht das auf Anhieb nicht, dann vorsichtig an einer anderen Stelle mit dem Abheben der Form erneut beginnen. Manchmal ist es auch ratsam, einige Minuten zu warten, und zwar so lange, bis das Relief noch etwas mehr ausgehärtet ist. Danach läßt sich die Form von dem fertigen Relief mühelos trennen. Durch die Transparenz der Form kann man beim Entformen gut feststellen, an welchen Stellen sich das Relief bereits von der Form gelöst hat. An diesen Stellen wirkt die Farbe des Reliefs milchig – im Gegensatz zu den Stellen, an denen es noch fest an der Form sitzt und der metallische Farbton dabei sichtbar ist.

Patinieren des Reliefs

Das Relief wird mit Metalloid-Patina gleichmäßig dünn eingestrichen. Die Patina trocknet innerhalb weniger Minuten fest auf. Danach legt man das Relief mit der Rückseite auf eine glatte, ebene Unterlage (Tischplatte) und beschwert es dabei mit einigen Gegenständen (z. B. Büchern etc.). Das ist besonders bei großen Reliefs wichtig, damit sie sich in der Schlußphase der noch nicht beendeten Aushärtung nicht noch verziehen und dabei evtl. verbiegen.

Das Abschleifen der Patina sollte erst dann erfolgen, wenn das Relief weitere 8–12 Stunden gut nachhärten konnte. Dazu verwendet man zunächst grobe Stahlwolle – Typ 00, mit der die microfeine Harzschicht von der Oberfläche etwas abgeschliffen wird. Danach schleift man das Relief mit feiner Stahlwolle (Type 000) vorsichtig weiter ab. An den erhabenen Stellen wird dabei die Patina entfernt – gleichzeitig wird aber auch die feine Metallschicht etwas abgerieben, so daß der gewünschte richtige Metalleffekt voll zur Wirkung kommt.

Teilausschnitt des Reliefs „Fröhliche Weinrunde"

Holzgußmasse (flüssiges Holz)

Holz – schon früh lernte der Mensch diesen Werkstoff zu formen und zu gestalten. Auch heute noch gehört das Holz zu einem der beliebtesten Baumaterialien, gleich ob zum Bau von Wohnungen oder als Möbelstück – Holz ist ein natürlich – gewachsener Werkstoff, der durch seine charaktervolle Eigentümlichkeit, der Struktur, Maserung und Farbe Behaglichkeit ausstrahlt.

So vielfältig das Material – so vielseitig sind auch die Verwendungsmöglichkeiten für diesen Werkstoff, der immer kostbarer und damit teurer wird.

Durch die Weiterentwicklung der Kunststofftechnik entstand ein neues Produkt: Poly-Holzgussmasse. Ein flüssiger Kunststoff, der im festen, ausgehärteten Zustand fast die gleichen Eigenschaften wie Holz hat und auch so bearbeitet werden kann. Aber dieses Material bietet noch einige weitere Vorzüge: Poly-Holzgussmasse ist flüssig. Es wird mit einem Härter vermischt und in vorgefertigte Formen gegossen, wo es dann innerhalb kurzer Zeit fest aushärtet. Dadurch entfällt beispielsweise bei der Herstellung von Reliefs und Skulpturen die erforderliche Schnitzarbeit, die nur wenig ambitionierte Künstler perfekt beherrschen. Poly-Holzgussmasse bietet jedem Bastler die fantastische Möglichkeit, praktische und künstlerische Gegenstände so richtig »holzecht« gestalten zu können.

Die Herstellung von Formteilen aus Poly-Holzgussmasse ermöglicht den großen Bereich der Holzimitation. Dieses flüssige – holzfarbig eingefärbte Polyesterharzgemisch – ist sofort gebrauchsfertig und läßt sich sehr einfach verarbeiten. Es wird mit ca. 2% Härter B vermischt. Zu beachten ist dabei, daß der Härter immer gut in das Harz eingerührt werden muß.

Materialbedarf:
Poly-Holzgussmasse
Härter B
Relief-Beize

Danach gießt man das fertige Materialgemisch in die bereitgestellten Formen. Evtl. Luftblasen werden durch das Auspinseln der Form beseitigt. Dann legt man einen Eingießaufhänger in die flüssige Mischung der Holzgussmasse. Mehr ist nicht zu tun!

Nach ca. 15 – 20 Minuten ist das Relief bereits ausgehärtet. Auch hier erwärmt sich das Polyesterharz-Gemisch anschließend sehr stark, so daß auch dieses Relief kurz in ein Gefäß mit kaltem Wasser eingetaucht werden sollte. Danach kann das fertige Teil dann mühelos aus der Form herausgelöst werden.

Luftblasen haben bei der Herstellung von Reliefs aus Poly-Holzgussmasse eine besondere Bedeutung. Luftblasen wirken nämlich in diesen Formenteilen, die Holz imitieren sollen, wie kleine Wurmstiche. Das fertige Teil wirkt dadurch nach dem Beizen noch viel älter und vor allem auch noch wertvoller.

Vermeiden sollte man aber, wenn man Luftblasen gewollt in die fertigen Reliefs „einbauen" möchte, daß diese nicht in Gesichtern, Fingern oder anderen, also den eigentlichen Mittelpunkten des Bildes stehenden Teilen

verbleiben. Dann nämlich können einige, noch so schöne Bilder durch diese gewollten Fehler verunziert und total entstellt werden.

An anderen Stellen, z.B. Gewändern, Bäumen, Häusern, also den Teilen des Bildes, die mehr als Kulisse oder rahmendes Beiwerk wirken, beweisen solche Löcher dagegen, daß das Relief oder die Figur recht alt sein muß.

Viele praktische Teile kann man aus Poly-Holzgussmasse herstellen, z.B. Gürtelschnallen, Griffverzierungen, Schmuckanhänger, Schalen, Eierbecher, Kerzenständer . . .

Leichte Formteile

Poly-Holzgussmasse ist leicht. Dieses Material wurde so eingestellt, daß es auch gewichtsmäßig von Holz nicht zu unterscheiden ist. Das spezifische Gewicht liegt bei 0,76.

Für viele Teile, ganz besonders aber feine Formteile im Modellbau wird oft ein Material mit einem noch leichteren Gewicht gewünscht. Auch das ist mit Poly-Holzgussmasse möglich. Zu der fertigen, mit Härter B vermischten Holzgussmasse kann man noch Micro-Air zugeben. Micro-Air ist ein Leichtfüllstoff, der aus microfeinen, luftgefüllten Glaskügelchen besteht.

Barockmadonna (Ikone)
Das Relief wurde aus Poly-Holzgussmasse hergestellt. Zum Bemalen wurde Kerapaint verwendet, die noch mit Wasser etwas verdünnt wurde, um einen möglichst transparenten, lasierenden Farbauftrag zu erzielen. Zum Schluß wurde die Ikone mit feiner Stahlwolle noch leicht abgeschliffen – danach mit Universal-Bastellack-Spray versiegelt.

Da zur Holzgussmasse nur eine Menge von ca. 10% Micro-Air (Leichtfüllstoff) zugemischt werden kann, wird das Grundmaterial zunächst bis max. 10% mit Harz-Verdünner vermischt und dadurch sehr dünnflüssig gemacht. Danach gibt man dann soviel Micro-Air hinzu, daß eine homogene, gut fließbare, breiige Masse entsteht.

Durch diese Spezialmischung kann ein spezifisches Gewicht bis zu 0,4 hergestellt werden, was beispielweise dem spezifischen Gewicht von Balsaholz entspricht.

Zusammen mit Micro-Air kann auch Relief-Füllstoff, Sägespäne oder Sägemehl zur Poly-Holzgussmasse zugeben werden. Dann wird das Teil zwar nicht immer so leicht – aber es besteht doch so die Möglichkeit noch preiswertere Teile aus diesem großartigen Relief-Material herzustellen.

Als Faustregel kann man Poly-Holzgussmasse bis zu 10% mit Harz-Verdünner mischen und dann soviel Füllstoff zugeben, bis ein dicker Brei entsteht. Eine Mehrzugabe von Harzverdünner bewirkt allerdings eine größere Schrumpfung der Fertigstücke. Durch das Zumischen des Füllstoffes wird außerdem die Schlagfestigkeit der Gießkörper geringer.

Mechanische Nachbehandlung der Fertigstücke

Nicht mit Füllstoff vermischte Gießteile aus Poly-Holzgussmasse können wie Holz bearbeitet werden. Sie lassen sich sägen, fräsen, bohren, hobeln, schnitzen, feilen, schleifen und sogar nageln.

Legt man dabei Wert auf Schnitz- und Schnittspuren, so bearbeitet man diese Teile so, daß sie erst durch das Nachbehandeln alle sichtbaren Eigenschaften erhalten, die ein typisches Holzmodell haben soll. Dazu gehören kleine Kerben mit einem Stechbeutel, Einstiche (Holzwurmlöcher) und die materialbezogenen Schnittspuren.

Die mit Füllstoff vermischten Formteile sind nach der Aushärtung etwas spröder. Allerdings kann man auch diese Teile noch sägen, fräsen, bohren und schleifen – jedoch eben nicht mehr so gut schnitzen.

Mischungstabelle

Poly-Holzgussmasse	Micro-Air	Harzverdünner	Spez. Gewicht
10 Teile	1 Teil	—	0,7 Buche
10 Teile	2 Teile	—	0,6 Lärche
10 Teile	3 Teile	1 Teil	0,5 Linde
10 Teile	5 Teile	1 Teil	0,4 Balsa

Beizen

Mit Reliefbeize, die es in den Farbnuancen eiche, mahagoni und nußbaum in Bastelgeschäften gibt, wird die typische Holzstruktur der Fertigteile erst richtig zur Geltung gebracht. Die Beize wird dazu mit einem Pinsel gleichmäßig auf das Formteil aufgetragen. Dabei müssen die Pinselstriche in einer Richtung verlaufen, da dadurch die Laufrichtung des Holzes (Struktur) perfekt imitiert wird.

Rustikale Maserung: grober borstiger (harter) Pinsel.
Feine Maserung: weicher Pinsel oder ein weiches Stück Schaumstoff.

Die Beizen können untereinander gemischt werden. Auch ein Zumischen von feinem Bronzepulver z. B. gold oder silber ist möglich. Das wird hauptsächlich bei religiösen Madonnenbildern angewandt, wenn es darum geht, richtige alte – teilweise leicht vergoldete – Reliefs herzustellen. Überhaupt spielt auch die Fantasie bei der Oberflächenbehandlung eine wichtige Rolle. So können Bilder auch zweifarbig gebeizt werden. Z.B. ein etwas helleres Bild in einem dunkel gehaltenen „alten" Rahmen. Oder die Beize wird mit unterschiedlichen weichen Pinseln aufgetragen: wobei im eigentlichen Bild eine feine Maserung mit einem weichen Pinsel erzielt wird. Der Rahmen wird dagegen recht grob und rustikal gehalten (wurde mit einem harten Borstenpinsel bearbeitet).

Grundsätzlich noch ein Hinweis zum Beizen: die Beize wird zunächst über das ganze Bild gleichmäßig mit einem weichen Pinsel oder einem Stück Schaumstoff verteilt. Dann nimmt man die in Ecken oder Vertiefungen angesammelte Beize wieder mit einem Tuch ab, so daß nur ein gleichmäßiger Beizauftrag auf dem Relief zurückbleibt. Erst jetzt wird die feine oder grobe Maserung (Struktur) mit dem entsprechenden Pinsel gezogen.

Einige Reliefs können auch einen Goldrand vertragen, den man mit Relief-Metallic-Paste und einem weichen Tuch aufträgt. Ganz nach der gewünschten Bildwirkung erfolgt das vor oder nach dem Beizen.

Die Reliefbeize trocknet innerhalb von 1 – 2 Stunden fest auf. Je nach gewünschtem Aussehen, kann das Bild anschließend noch mit Konturencreme nachbehandelt werden.

Für stark beanspruchte Teile, z.B. Reliefs, die Witterungseinflüssen ausgesetzt sind, ist ein transparenter Schutzüberzug – entweder unsichtbar, also matt oder seidenmatt – oder sichtbar mit glänzendem Bastellack zu empfehlen.

Zierdekore aus Poly-Holzgussmasse – eine praktische Möglichkeit, um fehlende oder beschädigte Dekore schnell ersetzen zu können.

Wachsbilder

In fast jeder guten Stube in Süddeutschland, Österreich und teilweise auch in der Schweiz findet man heute ein Wachsbild. Madonnenbildnisse, kleine Engel und Putten, althistorische Modeln; von Adelsfrauen des Barocks bis zu Motiven die an die Bauernmalerei erinnern: reich verzierte Blumenranken, Herzen und viele verschiedene kleine Modeln. Liebevoll auf einem Samtstreifen aufgeklebt oder mit einem bunten Zierband an einem Gewürzstrauß befestigt.

Materialbedarf:
Ceroplast-Reliefwachs
Aufhängeplomben
Wachsmal-Vernetzer
Patinier-Pulver

Wachsreliefs

Das Gießen von Wachsbildern und kleinen Modeln hat sich in den letzten Jahren zu einem beliebten Hobby entwickelt. Dabei kann besonders die Wachskunst eine alte Tradition vorweisen – die sich in den vielfältigen alten Modeln wiederspiegelt. Zum Beispiel die »Fatschenkinder«, die heute noch gerne als traditioneller Christbaumschmuck verwendet werden – oder noch älter: Siegel, die früher für Urkunden verwendet wurden.

Die alte Tradition dieser Kunst wurde durch die vielfältigen Möglichkeiten der Chemie zu einem beliebten Hobby. Der Werkstoff Wachs wurde für den modernen Menschen neu entdeckt. Es entstand das »Ceroplast«*-Reliefwachs, also eine besondere Komposition von Spezialwachsen und einem geschmeidigen Hartwachs. Der Schmelzpunkt liegt bei etwa 72 – 74°C. Bilder aus Ceroplast-Reliefwachs schmelzen also auch bei übermäßig hohen Zimmertemperaturen nicht. Zusätzlich ist dieses Wachs mit sehr guten Farbstoffen (Naturpigmenten) eingefärbt, so daß die fertigen Bilder keine Fett- oder Farbrückstände auf der Wand bzw. der Tapete hinterlassen und die Farben aus den Bildern nicht durch Sonnen- und Lichteinwirkung ausgeblichen werden.

Das Wachsgießen hat einen großen Vorteil gegenüber allen anderen Materialien: nicht gelungene, beschädigte oder nicht mehr aktuelle Reliefs werden einfach wieder eingeschmolzen und können für die Herstellung von neuen Reliefs und Modeln jederzeit wieder neu verwendet werden.

*Ceroplast = frühere Bezeichnung für das Reliefwachs, Cer = lat. Wachs, plast = reliefartiges Bild = also wörtlich übersetzt: reliefartiges Bild aus Wachs.

Wachsgießen

Ceroplast-Reliefwachs zerkleinern und in einem Gefäß, das in einem zu ⅓ mit Wasser gefüllten Topf gestellt wird, auf der heißen Herd- oder Heizplatte einschmelzen.

Das flüssige Wachs wird mit einem Holzstab so lange umgerührt, bis sich der letzte Wachsrest ganz verflüssigt hat. Anschließend wird der mit Wachs gefüllte Behälter aus dem Wasserbad herausgenommen und für kurze Zeit abgestellt, bis das Wachs etwas abgekühlt ist (ca. 5–10 Min.). Danach wird das flüssige Wachs nochmals gut durchgerührt, damit sich die im Wachs befindlichen Farbpigmente gleichmäßig darin verteilen. Erst dann wird das Wachs in die bereitgestellte Form gefüllt.

Wie bei allen flüssigen Reliefgießmassen muß man auch hier mit einem weichen Pinsel die mit dem heißen, flüssigen Wachs gefüllte Form gut auspinseln, damit Luftblasen von den Formwänden entfernt werden. Im Gegensatz zu den anderen Gießtechniken wird beim Wachsgießen die Form gleich vollständig mit Wachs gefüllt. Würde man auch hier zunächst nur eine kleine dünne Wachsschicht in die Form einfüllen und dann die Form auspinseln, so würde das Wachs dabei aushärten und „klumpig" werden.

Wichtig ist deshalb, daß die vollständig mit Wachs gefüllte Form sofort mit einem weichen Pinsel „durchfahren" wird, damit alle Luftblasen schnell beseitigt werden.

Der Pinsel muß anschließend vom Wachs gereinigt werden, wozu man ihn am besten kurz in heißes Wasser hält. Wird der Pinsel später erneut zum Auspinseln der Formen beim Wachsgießen verwendet so ist die Pinselreinigung nicht notwendig, zumal er ja beim erneuten Eintauchen in das heiße Wachs sofort wieder weich und geschmeidig wird – somit also gleich wieder zu verwenden ist.

Ungefähr nach 5–10 Minuten – je nach Dicke des Reliefs, wird die Aufhängeplombe so in das flüssige Wachs eingelegt, daß die Aufhängerkordel noch ca. 10 – 15mm über den oberen Rand des Bildes hinausragt.

Für große Reliefs verwendet man eine oder zwei große Aufhängeplomben (Plombenanhänger), für kleine Reliefs und Modeln die extra kleinen Mini-Plombenanhänger. Für ganz kleine Anhänger und Christbaum-Modeln eignet sich eine farbige Anhängerkordel sehr gut. Die Kordel wird in der benötigten Länge abgeschnitten, die Enden zusammengeknotet und dann das Teil mit dem Knoten in das Wachs eingelegt. Bei kleinen Christbaumanhängern kann man auch später, also dann, wenn sie fertig bemalt, patiniert und bronziert sind, mit einer heißen Nadel noch ein Loch durch das Wachs bohren, durch das dann die Aufhängekordel hindurchgezogen wird.

Je nach Verwendung der Anhänger und Modeln sollte die Kordel ca. 10 – 15cm lang sein (z. B. zum Befestigen am Christbaum, Adventskranz, an Blütenzweigen, Mobile etc.).

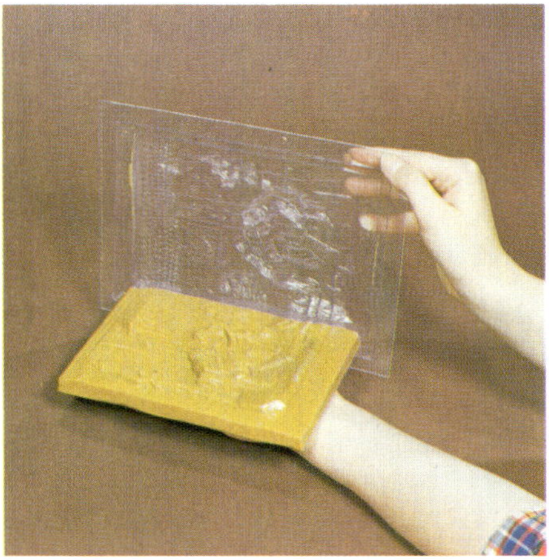

Besonderheiten:
Für das Wachsgießen eignen sich nur die glasklaren Formen aus PVC (Polyvinylchlorid) oder selbst hergestellte Formen aus Formbaumasse, z. B. Silcoform S2, Elaform P2, Formaform, Gulaform S2 und Plasty-late.

Zum Gießen darf die Form nicht zu kalt sein. Sie sollte deshalb vorher einige Minuten bei Zimmertemperatur angewärmt oder kurz mit warmem Wasser gefüllt werden. Danach wird sie wieder entleert und vollkommen ausgetrocknet (es darf kein Wasser in der Form zurückbleiben!).

Beim Einfüllen von Wachs in kalte Formen, kühlt das Wachs an den Formrändern so schnell ab, daß man später – nach dem Entformen, auf dem Wachs eine milchig weiße, ganz dünne Wachshaut vorfindet. Das Relief wird dadurch so verunziert, daß man es nicht verwenden kann und deshalb wieder einschmelzen und neu ausgießen muß.

Das flüssige Wachs muß in der Form ganz langsam abkühlen können. Auf keinen Fall die Form mit dem warmen Wachs ins Kalte, z. B. einen Kühlschrank stellen. Das Wachs kühlt sonst durch die unterschiedlich dicken Wandstärken des Reliefs nicht gleichmäßig ab, was somit zu Rißbildungen in der Wachsstruktur, also dem Bild führen kann. Deshalb das Relief zunächst langsam abkühlen lassen und evtl. dann, wenn es noch handwarm ist, zum leichteren Entformen in den Kühlschrank stellen. Auch ein Abkühlen mit kaltem Wasser ist dann zu empfehlen. Nach ca. 5 – 10 Minuten ist das Wachsteil soweit abgekühlt, daß es sich sehr leicht entformen läßt, ohne daß dabei Teile von dem Bild abbrechen.

Entformen

Das Relief darf erst dann aus der Form entnommen werden, wenn es vollkommen abgekühlt und damit erhärtet ist. Es löst sich dann auch viel leichter aus der Form. Sollte es nicht gerade sein, so wird es für einige Minuten in lauwarmes Wasser gelegt. Schwere und große Reliefs brauchen in einem warmen Zimmer nur auf eine ebene Unterlage gelegt werden. Sie begradigen sich dann von allein.

Ab und zu passiert es, daß sich Wachsreliefs nicht so leicht aus den Formen herauslösen lassen. Dann ist es am sichersten, wenn man auf die Reliefform etwas warmes Wasser laufen läßt. Die Wärme bewirkt dabei, daß sich das Wachsteil sofort aus der Form herauslöst.

Wachspatinieren

In einem Mischbecher wird Patinierpulver und Wachsmalvernetzer intensiv vermischt, und zwar so lange, bis sich das Pulver vollkommen in der Flüssigkeit aufgelöst hat. Dabei entsteht dann eine Wachspatina, die durch eine erhöhte Zugabe von Patinierpulver noch dunkler, bzw. eine Mehrzugabe von Wachsmalvernetzer heller gemacht werden kann.

Es gibt vier Farbtöne, die auf die verschiedenen Farben des Wachses abgestimmt sind (Kontrasteffekt).

Patinierpulver	geeignet für
Farbton	Reliefwachs (Farbton)
hellbraun	elfenbeinfarbig
dunkelbraun	elfenbeinfarbig und natur
rotbraun	elfenbeinfarbig, natur u. rot
schwarz	rot und braun

Die Patinierflüssigkeit kann außerdem noch durch Zugabe von Bronzepulver mit einem Hauch von hochwertigem Edelmetall, also Bronze verfeinert werden. Ganz besonders eignen sich dafür die Farbtöne gold, silber oder kupfer, so daß allein durch diese Patina verschiedene Farbeffekte erzielt werden können. Man verwendet z. B. bei dunkelbraunem Reliefwachs gern eine Patina, die mit silbernem Bronzepulver vermischt wurde.

Die Reliefs bekommen dadurch das Aussehen von dunklem, altem Holz, wobei der Silbereffekt die Bildwirkung oftmals erst richtig herausbringt.

Die Patina trocknet innerhalb kurzer Zeit auf. Das Wachsrelief wird dann mit einem weichen Wollappen, der ebenfalls mit Wachsmal-Vernetzer angefeuchtet wurde, vorsichtig und in kreisförmigen Bewegungen abgewischt. Dabei wird die Patina zum Teil von den erhabenen Stellen des Reliefs wieder abgenommen. In den Vertiefungen bleibt sie dagegen ganz zurück. Das Relief wirkt dadurch noch plastischer und erhält gleichzeitig den gewünschten antiken Charakter. Einen matten Glanz bekommen die Reliefs, wenn sie anschließend noch mit einer weichen Bürste vorsichtig poliert werden.

Bronzieren

Bei alten Motiven wird der typische Charakter der Wachsmodeln durch das Bronzieren erst perfekt. – Zum Bronzieren nimmt man etwas Bronzierpulver auf die Fingerkuppe und verreibt das Pulver auf einem Stück Papier, bis es fest am Finger haftet. Dann wird die Bronze auf die gewünschten Stellen des Reliefs aufgerieben. Mit der Bronze werden nur einige wenige, markante Stellen hervorgehoben, z.B. die stark hervortretende Falten in Gewändern, einige wenige Haarlocken usw.

Malen mit Wachsbronzelack

Wird Bronzierpulver mit der farblosen Wachsmalcolorfarbe vermischt, so entsteht eine Wachsbronze, mit der beispielsweise bei Putten die Flügel

kunstvoll vergoldet werden können. Dieser spezielle Wachsbronzelack haftet und deckt auf dem Wachs besser, als wenn das Bronzepulver nur auf das Wachs aufgerieben wird.

Allerdings sollte man auch hier beide Techniken voneinander trennen. Manchmal kann ein zarter Goldstaub, in anderen Fällen dagegen ein kräftiger Bronzefarbton wirkungsvoller sein.

Bemalen von Wachs

Zunächst entfernt man mit einer weichen Bürste alle losen Wachsteilchen oder Schnitzrückstände von dem Wachsstück. Danach werden die fertigen Reliefs und Modeln mit den verschiedenen – auch untereinander mischbaren Farben »Wachsmalcolor« bemalt. Die Wachsfarben lassen sich mit Wachsmal-Vernetzer auch strekken. Das ist beispielsweise dann zu empfehlen, wenn halbtransparente oder lasierende Farbtöne benötigt werden.

Auch das Bemalen von Wachs ist an einige Regeln gebunden. So wird niemals das ganze Bild bemalt, sondern nur bestimmte, sehr markante Stellen durch die zusätzliche Farbgebung hervorgehoben. Dem Bild soll und muß man die Charakteristik des Wachses immer noch ansehen können.

Beim Bemalen von Wachs verwendet man außerdem hauptsächlich lasierende Farben. Deshalb ist ein voriges Zumischen von Wachsmalcolor klar und Wachsmal-Vernetzer zu den Wachsmal-Colorfarben zu empfehlen. Außerdem werden hier Maltechniken angewandt, wie sie von der Bauernmalerei her bekannt sind, z.B. beim Bemalen von Blütenornamenten.

Patinieren bemalter Reliefs

Die mit Wachsmalcolor bemalten Reliefs dürfen mit der selbst gemischten Patina (Wachsmal-Vernetzer und Patinierpulver) nicht patiniert werden. Das im Wachsmal-Vernetzer enthaltene Lösungsmittel würde die Farben wieder anlösen und verwischen. Alle Mühe der kunstvollen Malerei wäre umsonst. Deshalb verwendet man zum Patinieren die Universal-Patina. Eine pastöse Patina, die auch grundsätzlich zum Patinieren aller Wachsteile, sowie auch für viele andere Patinierungsarbeiten verwendet werden kann. Auch diese Patina kann noch durch Zumischen von Patinierpulver abgetönt werden.

Die Patina wird mit einem weichen Lappen oder Pinsel ganz dünn auf das Relief aufgetragen. Dann läßt man sie etwas antrocknen, um sie dann mit einem weichen Tuch vorsichtig wieder von den erhabenen Teilen abzureiben.

Eine interessante Technik also, um auch bemalte Wachsteile durch das Patinieren ganz besonders antik und wertvoll zu gestalten.

Lackieren von Wachsteilen

Die wertvollen Wachsarbeiten sollen vor Beschädigungen, sei es durch Staub- oder Witterungseinflüße geschützt werden. Deshalb werden diese Bilder mit dem farblosen Speziallack »Wachsmalcolor« oder Universal-Bastellack-Spray dünn überzogen. Der Lack trocknet farblos glänzend auf, so daß gleichzeitig noch eine Patinierung oder eine zuvor aufgetragene Bronzierung und Vergoldung, also die gesamten Farben, die für die Oberflächentechnik verwendet wurden, durch diesen Speziallack abgedeckt und geschützt werden. Ein Lacküberzug ist besonders auch dann zu empfehlen, wenn bronzierte Teile vor einer natürlichen Oxydation geschützt werden sollen.

Schlußwort

Dieses Buch hat nun zahlreiche Möglichkeiten aufgezeigt, um Reliefs selbst anzufertigen. Ein Replikat ganz besonderer Art, bei dem die Oberflächennachbehandlung die wichtigste Rolle spielt.

Gerade für das Nacharbeiten, also der sogenannten »Farbtechnik« gibt es noch zahlreiche weitere Techniken. Geheimnisvolle Kniffe und Raffinessen – gleich, ob mit den in diesem Buch beschriebenen Bastelmaterialien, evtl. trockenem Gold- oder Dukatengoldpulver behandelten Farbpigmenten, oder durch Auftragen mehrerer verschiedener Farben, Pasten, Lacke, Beizen und Lasuren, dem anschließenden Abreiben von einzelnen Schichten erzielten fantastischen Ergebnissen – es bleibt das Geheimnis eines jeden, hier eigene Erfahrungen zu sammeln – und eigene Rezepte zu erproben.

Es ist nicht übertrieben, wenn behauptet wird, daß oft nur durch Klopfen, Anbohren, Schaben oder Kratzen festgestellt werden kann, was bei solchen Abgüssen dann später eigentlich das Original oder die Kopie ist. Es ließen sich hier noch so manche Kniffe beschreiben, die dazu verwendet wurden, solche Wunderwerke zu vollbringen, z. B. über Sandstrahlen, Eingraben in Humus, Ätzen und dergleichen. Eine kleine Wissenschaft für sich – oder ein Hobby für Liebhaber und Tüftler!

Mit der Herstellung der verschiedenen Reliefs ist die Bastelarbeit noch keinesfalls erschöpft. Diese kostbaren Stücke, gleich ob Wand- und Ofenplatten, Darstellungen von Kult- und Jagdszenen der Ägypter, Assyrer, Griechen oder aus längst vergangenen anderen Kulturen, Fossilien, Schnitzereien, Wachsbilder der Art vom bayrischen Königswappen bis zum religiösen Madonnenbild, Münzen, Spiegel- und Bilderrahmen – alle diese Kostbarkeiten brauchen ihren Platz. In der Wand eingelassen, auf Samt überzogene Holzplatten oder auf Leder geklebt, in Teakholzrahmen gefaßt, auf eine Metallplatte geschraubt – kunstvoll mit handwerklicher Schmiedekunst versehen – ein Raumschmuck ganz besonderer Art.

Ein Geschenk für einen besonders guten Freund und Bekannten – gewiß, eine Kostbarkeit, selbst gemacht!

hobby-time – Hobby-Bücher

Anleitungen und Anregungen – damit aus Hobbys wirklich Hobbys werden!

Formen selbstgemacht
Die Herstellung von kostbaren Replikaten ist meistens nur mit einer zuvor von dem Original abgenommenen Form möglich. Das aber setzt wiederum viel an Wissen und Erfahrung voraus – denn wohl kaum eine andere Werktechnik ist so kompliziert und vielseitig, wie gerade die Formbautechnik.
Dieses großartige Fachbuch geht in systematischer Weise vor. Es beschreibt zunächst die verschiedenen Möglichkeiten der Formenvorbehandlung, erklärt, wie ein einfaches Relief abgeformt wird, welches Material für eine mehrteilige Form am besten verwendet werden soll, wo die Trennlinie angelegt werden muß, ob Windpfeifen berücksichtigt werden müssen und gibt zusätzlich noch zahlreiche Tips, z.B. wie man Formennegative vergrößern kann.
Das richtige Fachbuch für alle interessierten Formenbauer
96 Seiten – Bestell-Nr. 98157

Wachsschneiden, -schnitzen und -drucken
Wachs – ein fantastisches Material. Der uralte Werkstoff wurde für ein modernes Hobby neu entdeckt. Dieses Buch zeigt, wie und was man aus einer Wachsplatte alles an fantastischen Drucksachen herstellen kann. Drucken mit Wachs-, Linol- oder Stoffdruckfarben, Herstellung von richtigen Stempeln – ein ausgiebiges Brevier der Drucktechnik. Ein Anleitungsbuch – nicht nur für die Schule geschrieben – vielmehr für den schöpferisch denkenden Hobbyisten, der mehr machen will, z.B. Wachsschnitzen, Kerzenschnitzen . . . Das Buch enthält zahlreiche erklärende Abbildungen und viele farbige Bilder, die das Verständnis der einzelnen Techniken noch deutlicher werden lassen.
64 Seiten – Bestell-Nr. 98165

Wachsscherenschnitte
Eine Idee – die nicht neu ist – denn Scherenschnitte hat man schon eh und je gemacht. Neu an dieser Idee ist aber die Möglichkeit, mit einer hauchzarten Verzierwachsfolie solche Scherenschnitte auf Kerzen aufzukleben um damit Kerzen herzustellen, die für jeden und für jede Gelegenheit als Geschenk oder besonderer Ziergegenstand verwendet werden können.
Ein interessantes Anleitungsbuch mit zahlreichen Originalvorlagen, die auch zum Durchpausen verwendet werden können.
32 Seiten – Bestell-Nr. 98160

Giessharz-Grundtechniken
Aus einem farblos, flüssigen Kunststoff entsteht durch Zugabe eines Härters ein beliebig formbarer geometrischer Körper, der zudem auch noch eingefärbt werden kann.
Von besonderem Interesse ist aber die Möglichkeit, daß man in diesen Gießharzblock auch Gegenstände eingießen kann. Faszination mit modernen Kunststoffen.
Dieses Buch führt in die Gießharztechnik ein, beschreibt alle wichtigen Grundregeln und gibt zahlreiche Hinweise und Tips für eigene interessante Versuche, Experimente und Eingießarbeiten.
48 Seiten – Bestell-Nr. 98111

Glasgravur – Grundtechniken
Eine alte, traditionelle Handwerkskunst wurde als Hobby neu entdeckt. Glas – ein zauberhafter Werkstoff, der sich ohne viel Aufwand mühelos bearbeiten läßt. Aus einem einfachen Trinkglas wird durch das Gravieren ein wertvolles Trink-Dekorationsstück.
In diesem Buch werden die verschiedenen Techniken der Glasgravur genau erklärt. Daneben erfährt man auch etwas über die Werkzeuge und über den Werkstoff Glas. Also eine richtige praxisbezogene Einführung in dieses interessante Hobby.
48 Seiten – Bestell-Nr. 98182

24 Sonnenfänger aus Antikglas
Das Schneiden und Zusammenfügen der mit selbstklebender Kupferfolie umhüllten Glasscherben erfreut sich immer größerer Beliebtheit. Allerdings erfordert dieses Hobby bereits einiges an Vorübung, so daß die in diesem Buch enthaltenen Schnittmusterbogen für den Bau von farbenfrohen Sonnenfängern die ideale Übungsmöglichkeit für den Anfänger sind.
44 Seiten – Bestell-Nr. 98271